미래와 통하는 책

동양북스 외국어 베스트 도서

700만 독자의 선택!

새로운 도서,
다양한 자료
동양북스
홈페이지에서
만나보세요!

www.dongyangbooks.com
m.dongyangbooks.com

※ 학습자료 및 MP3 제공 여부는 도서마다 상이하므로 확인 후 이용 바랍니다.

홈페이지 도서 자료실에서 학습자료 및 MP3 무료 다운로드

PC

❶ 홈페이지 접속 후 도서 자료실 클릭
❷ 하단 검색 창에 검색어 입력
❸ MP3, 정답과 해설, 부가자료 등 첨부파일 다운로드
* 원하는 자료가 없는 경우 '요청하기' 클릭!

MOBILE

* 반드시 '인터넷, Safari, Chrome' App을 이용하여 홈페이지에 접속해주세요. (네이버, 다음 App 이용 시 첨부파일의 확장자명이 변경되어 저장되는 오류가 발생할 수 있습니다.)

❶ 홈페이지 접속 후 ☰ 터치

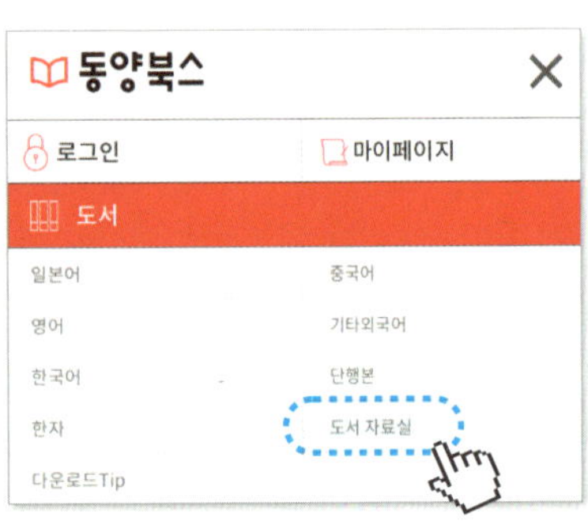

❷ 도서 자료실 터치

❸ 하단 검색창에 검색어 입력
❹ MP3, 정답과 해설, 부가자료 등 첨부파일 다운로드
* 압축 해제 방법은 '다운로드 Tip' 참고

일본어뱅크

귀와 입이 저절로 열리는

감바레 일본어

문선희 · 나카야마 다츠나리 · 감영희 · 한탁철 지음

STEP 3

동양북스

귀와 입이 저절로 열리는

감바레 일본어 3

초판 7쇄 | 2024년 9월 5일

지은이 | 문선희, 나카야마 다츠나리, 감영희, 한탁철
발행인 | 김태웅
책임 편집 | 길혜진, 이서인
디자인 | 남은혜, 김지혜
일러스트 | 배현혜
마케팅 총괄 | 김철영
온라인 마케팅 | 김은진
제　작 | 현대순

발행처 | 동양북스
등　록 | 제 2014-000055호
주　소 | 서울시 마포구 동교로22길 14 (04030)
구입 문의 | 전화 (02)337-1737　팩스 (02)334-6624
내용 문의 | 전화 (02)337-1762　dybooks2@gmail.com

ISBN 979-11-5703-006-4 14730
978-89-8300-001-9 (세트)

머리말

일본어 교육에 종사하면서 많은 학습자들을 만나왔습니다. 현재도 학생들에게 일본어를 쉽고 유익하게 전달할 수 있도록 교육현장에서 가르치는 한편, 학생들이 실전에서 자주 쓰이는 일본어를 자연스럽게 습득해 나갈 수 있도록 끊임없이 연구하며 노력하고 있습니다.

본 책은 이제까지 나와 있는 교재들과는 차별화하기 위해 여러 가지로 고민하고 구상한 끝에 만들어진 교재입니다. 처음으로 일본어를 배우게 되었을 때를 떠올리며 그 당시 히라가나도 전혀 모르면서 어려웠던 점이나 쉽게 받아들였던 점들을 정리하여, 이 책을 공부하는 학습자들이 쉽게 접근할 수 있도록 학습 내용을 반영하려고 많은 노력을 기울였습니다.

실제 회화에서 쓰이는 회화체 표현을 배우려면 사실상 문법을 어느 정도 공부한 후에 배우는 게 기존 교재의 학습 방식이었습니다. 하지만 본 교재는 기존 방식과는 달리, 초급책이라 하더라도 초반부터 회화체 느낌을 살려서 자연스러운 회화를 구사할 수 있도록 하였습니다.

전체적인 구성은 문형 설명 다음에는 「말해 봅시다」「읽어 봅시다」「써 봅시다」「들어 봅시다」의 순서대로 구성하였습니다. 문형 설명 부분에서는 문법 중간 중간 저자의 Tip을 통해 학습자들이 참고할 만한 사항을 정리해 두었습니다. 특히, 「말해 봅시다」에서는 다양한 예문을 통해 초급 단계부터 단계별로 회화를 시도할 수 있도록 하였습니다. 그리고 「읽어 봅시다」 부분은 학습자가 어느 부분에서 끊어 읽어야 할지 표시를 해 둠으로써 쉽게 읽어나갈 수 있도록 하였고, 아래 부분에서는 실제 띄어쓰기가 없는 일본어 지문 연습 부분을 추가하여 후리가나 없이 읽는 훈련을 할 수 있도록 하였습니다. 「한자 연습」 부분에서는 KEY WORD에 나오는 한자 중 3개를 선택해서 그 안에 주요 한자에 대한 음독과 훈독, 응용단어들을 참고할 수 있도록 넣었습니다. 그리고 주요 한자와 가타카나 단어를 써 볼 수 있는 공간도 마련하였습니다.

이 책은 초급단계부터 자신감을 갖고 다음 단계로 올라갈 수 있도록 도움을 줄 수 있는 책이라고 자부할 수 있습니다. 따라서 학습자 여러분 역시 상황에 맞는 일본어 표현과 문법을 자연스럽게 받아들일 수 있을 것입니다. 일본어를 이제 막 시작한 학습자들에게 유용한 길잡이가 될 수 있는 교재가 되기를 바랍니다.

마지막으로 이 책을 완성할 수 있도록 원동력이 되어 준 사랑하는 나의 학생들과 끝까지 응원하고 지지해 주신 사랑하는 가족, 감수해주신 오노야마 하루카 선생님, 그리고 이 책이 완성될 수 있도록 힘써 주신 동양북스 관계자분들과 일본어 편집부에게 진심으로 감사드립니다.

저자 일동

이 책의 구성

시작

과의 주요 문형을 음성과 함께 제시했습니다. 그리고 KEY WORD에서는 말하기에 바로 도움이 될 만한 단어를 모아 어휘력을 키울 수 있도록 하였습니다. 그림과 음성으로 반복 연습을 하면 학습에 효과적입니다.

会話 회화

본문의 내용 파악이 쉽도록 그림과 함께 회화 본문을 제시했습니다. 본문은 바로 쓸 수 있는 회화 표현을 중심으로 구성했습니다. 또한, 해당 문법에는 색을 넣어 표시했으며, 기억해 두면 도움이 되는 팁도 함께 실었습니다.

文法まとめ 문법 정리

회화 본문에 나온 주요 문법 사항을 다양한 예문과 함께 실었습니다. 또한 해당 문법에는 색을 넣어 표시했으며, 기억해 두면 도움이 되는 팁도 실었습니다.
★는 예외를 뜻합니다.

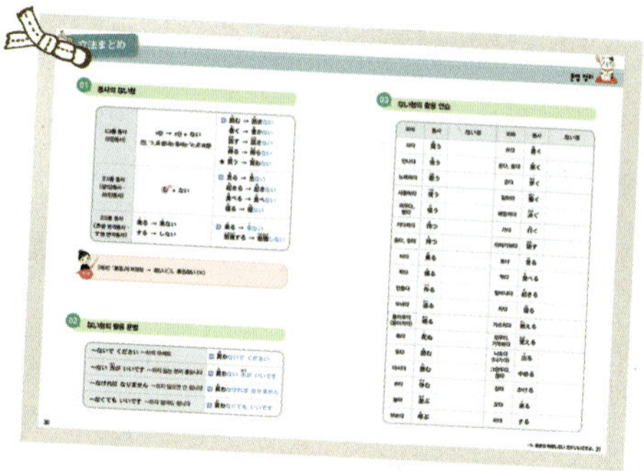

話してみましょう 말해 봅시다

문형 연습이나 자유 응답 연습을 포함한 말하기 연습입니다. 그림을 보고 자유롭게 말하기 연습을 해 보시기 바랍니다.

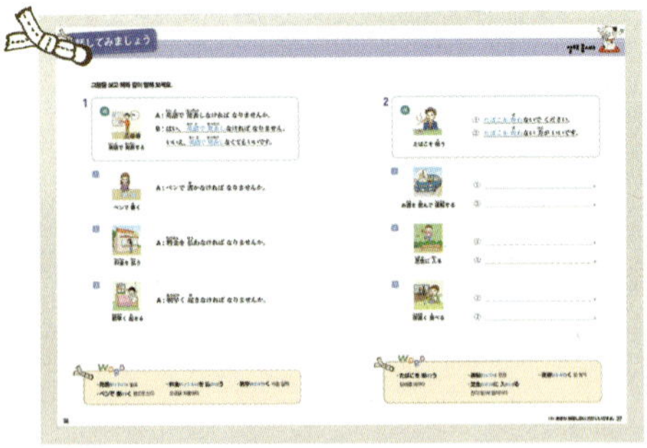

読んでみましょう 읽어 봅시다

읽기 1에서는 거침없는 말하기 능력을 키우기 위해 우선 문장을 마디로 나눠서 잘 듣고 천천히 읽는 연습을 하도록 구성하였습니다. 읽기 2에서는 한 단계 나아가 실제 일본어와 비슷하게 띄어쓰기와 한자 읽기가 없는 글로 속도를 내서 읽는 연습을 하도록 구성하였습니다.

書いてみましょう 써 봅시다

주요 문법을 실제로 써 보는 쓰기 연습입니다. 내용 파악을 돕기 위해 그림과 함께 구성했습니다.

聞いてみましょう 들어 봅시다

받아쓰기와 JPT, JLPT시험 대비를 위한 즉시응답 형식의 듣기 문제를 실었습니다.

漢字・カタカナ練習 한자 · 가타카나 연습

본 과에 나오는 주요 한자와 가타카나 단어를 직접 써 보면서 연습할 수 있도록 구성하였습니다.

会話復習 회화 복습

회화에 나오는 상황을 만화로 재미있게 구성했습니다. 회화 음성을 다시 들으면서 복습하면 더 효과적입니다.

부록

회화, 읽어 봅시다의 한국어 해석, 써 봅시다, 들어 봅시다의 정답과 청취 스크립트를 수록했습니다.

MP3, 워크북(별책), 플래시 카드(PDF)

KEYWORD, 회화 본문, 읽어 봅시다, 들어 봅시다를 녹음한 MP3와 KEYWORD, 주요 문법 활용, 써 봅시다, 한자 · 가타카나 연습을 직접 할 수 있는 워크북 (별책)을 수록했습니다. 단어 암기용 플래시 카드(PDF)는 http://www.dongyangbooks.com에서 내려 받을 수 있습니다.

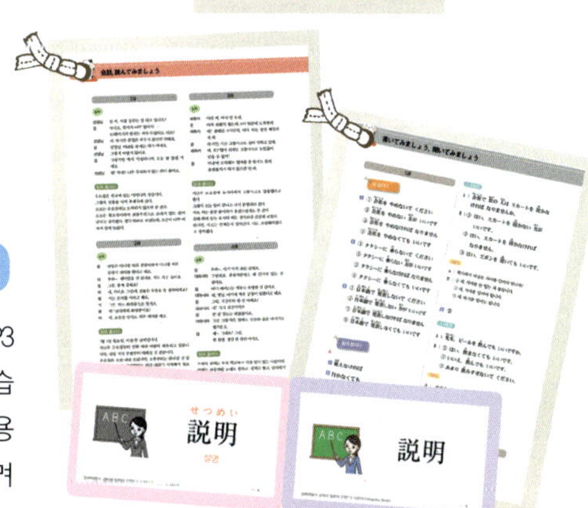

차례

부록

플래시 카드(PDF) 다운로드 방법

ⓐ 동양북스 홈페이지(www.dongyangbooks.com)에 접속합니다.
ⓑ 홈페이지 상단의 MP3&자료실에 접속하여 도서명 '감바레' 입력 후 검색합니다.
ⓒ 검색된 목록의 제목을 선택하여 플래시 카드 PDF 파일을 다운로드 합니다.
ⓓ 스마트폰과 PC를 데이터 전송용 USB케이블을 이용하여 연결합니다.
ⓔ 다운로드 받은 PDF 파일을 스마트폰으로 복사합니다.

이 책의 학습 구성표

과	과 제목	학습 목표	문법 및 표현
1과	あまり 無理(むり)しない 方(ほう)が いいですよ。 너무 무리하지 않는 편이 좋습니다.	동사의 ない형 문법을 이해하고 ない형 활용 문법을 응용하여 회화로 연결시킬 수 있다.	01 동사의 ない형 02 ない형의 활용 문법 03 ない형의 활용 연습 04 ～なくても いいです　～하지 않아도 됩니다 05 ～なければ なりません　～하지 않으면 안 됩니다 06 ～ないで ください　～하지 마세요, ～하지 말아 주세요 07 ～ない 方(ほう)が いいです　～하지 않는 편이 좋습니다
2과	家(うち)で パーティーを するそうです。 집에서 파티를 한다고 합니다.	そうだ의 전문 용법과 추측 · 양태 용법을 이해하고 동사의 의지형과 활용 연습을 회화에 적용할 수 있다.	01 そうだ의 용법 02 いい와 ない의 추측 · 양태의 そうだ 03 동사의 의지형 04 의지형의 활용 연습 05 기본체 + そうです　～(이)라고 합니다 06 い형용사 い떼고 + そうです　～인 것 같습니다, ～해 보입니다 07 ～に する　～(으)로 하다
3과	列車(れっしゃ)に 乗(の)れない かも しれない。 열차를 못 탈 지도 몰라.	동사의 가능 부정형을 이해하고 반말 회화체의 집중학습을 통해 실전 회화에서 유용하게 말할 수 있다.	01 동사의 가능 부정형 02 가능 부정형의 활용 연습 03 ～んだって / ～なんだって　～한대, ～(이)라던데? 04 ～なきゃ　～해야 해, ～하지 않으면 안 돼 05 「～んです / ～なんです」의 시제별 활용 정리

과	과 제목	학습 목표	문법 및 표현
4과	**けっこう 人気(にんき)が あるようですね。** 꽤 인기가 있는 것 같아요.	ようだ와 らしい 용법을 이해하고 비유와 추측의 표현을 말할 수 있으며, ことにする 문법을 회화에 적용하여 말할 수 있다.	01 ようだ 용법 I 02 ようだ 용법 II 03 らしい 용법(～らしい, ～らしく, ～らしくて) 04 동사＋ことに する ~하기로 하다
5과	**宝(たから)くじに 当(あ)たったら 何(なに)が したいですか。** 복권에 당첨되면 무엇을 하고 싶습니까?	동사의 가정형 ば/たら에 대해 이해하고, 가정형 활용 문법을 응용하여 자연스러운 회화를 구사할 수 있다.	01 동사의 가정형 「ば」 02 가정형 「ば」의 활용 연습 03 ～たら ~한다면, ~하면 04 ～ために ~을/를 위해서, ~하기 위해서 05 ～ば ～ほど ~하면 ~할수록
6과	**この 道(みち)を まっすぐ 行(い)くと 橋(はし)が 見(み)えます。** 이 길을 곧장 가면 다리가 보입니다.	가정형 と와 なら의 용법을 이해하고 と・ば・たら・なら의 비교를 통해 올바른 가정형을 말할 수 있으며, 학습한 내용을 통해 길 안내를 할 수 있다.	01 가정형「と」의 쓰임 : 당연한 원리, 법칙, 자연현상, 길 안내 02 ～なら ~이라면 (상대의 말을 받아서 제시, 조언, 한정) 03 ～が 見(み)える ~이/가 보이다

이 책의 학습 구성표

과	과 제목	학습 목표	문법 및 표현
7과	どこに あるか 教えて もらえますか。 어디에 있는지 가르쳐 주세요.	やりもらい 문법을 이해하고 실생활에서 やりもらい 문법을 활용하여 주고 받는 표현문장을 올바르게 구사할 수 있다.	01 やりもらい　주고받기 A. やる 주다・あげる 주다・さしあげる 드리다 B. くれる 주다・くださる 주시다 C. あげる 주다・もらう 받다 D. ~て あげる・~て くれる・~て もらう・~て いただく 02 ~ない ように　~하지 않도록 03 ~とか　~이라든가 04 ~かな　~일까, ~일까나, ~까 05 ~て もらえますか　~해 줄래요?, ~해 주세요
8과	人が 並んで いますね。 사람이 줄 서 있네요.	자동사와 타동사 용법을 이해하고 필수 자동사와 타동사 학습을 통해 상태 표현을 올바르게 말할 수 있다.	01 자동사・타동사 상태 용법 02 필수 자동사・타동사 03 ~て あります　~해 있습니다, ~되어 있습니다 04 ~も　① ~이나 ② ~도, ~역시 05 명사 + の ように　~와 같이, ~처럼 06 ~んですって　~(이)라던데요? (「~んだって」의 정중체)
9과	雨に 降られて 服が 濡れて しまいました。 비가 와서 옷이 젖어 버렸습니다.	동사의 수동형 문법을 이해하고 실제 회화에 적용하여 수동형 문장을 올바르게 구사할 수 있다.	01 동사의 수동형 02 수동형의 활용 연습 03 踏まれる　밟히다 (일반 수동) 04 雨に 降られて~　비가 와서~ (피해 수동) 05 의지형 + と したら　~하려고 했더니 06 ~た 方が いいです　~하는 편이 좋습니다(낫습니다)

과	과 제목	학습 목표	문법 및 표현
10과	任された からには がんばって みるよ。 맡은 이상 열심히 해 볼 거야.	동사의 사역형과 사역 수동형 문법을 이해하고 비교할 수 있으며, 회화에 적용하여 문장을 연결시켜 물어보거나 대답할 수 있다.	01 동사의 사역형 · 사역 수동형 02 사역형 · 사역 수동형의 활용 연습 03 사역 표현 04 ～として　~으로서 05 ～までに　~까지 06 ～た からには　~한 이상
11과	パスポートは お持ちでしょうか。 여권은 갖고 계십니까?	특별 존경어와 특별 겸양어를 이해하고 경어에 관련된 주요 표현을 익혀, 실제 상황에서 경어 표현을 말할 수 있다.	01 특별 존경어 · 특별 겸양어 02 お + ます형 + ですか, でしょうか　~하십니까? 03 いらっしゃる의 쓰임 04 ～で いらっしゃいますか　~이십니까? (「～ですか」의 정중한 표현) ～で ございます　~입니다 (「～です」의 정중한 표현) 05 ～て いただけますか　~해 주시겠습니까? (「～て もらえますか」의 겸손한 표현)
12과	すぐに お持ち いたします。 바로 가져다 드리겠습니다.	존경어와 겸양어 공식을 이해하고 말할 수 있으며, 상황에 맞게 회화에 함께 적용하여 자연스럽게 물어보거나 대답할 수 있다.	01 존경어 공식 (お + ます형, ご + 한자어) + に なる ~하시다 (お + ます형, ご + 한자어) + ください ~해 주십시오 02 겸양어 공식 (お + ます형, ご + 한자어) + する, いたす ~해 드리다

등장인물 소개

김세민 (キム・セミン)

일본 도쿄에 있는 대학교의 유학생 센터에서 일본어를 배우는 한국인 학생. 24세. 유키가 다니는 회사에서 아르바이트를 하고 있다.

이하나 (イ・ハナ)

세민이와 같은 대학교에서 미술을 전공하는 한국인 학생. 23세. 세민이와는 유학생 모임에서 만난 사이

야마시타 유키 (山下(やました) 雪(ゆき))

도쿄에 사는 회사원. 26세. 직장에 세민이가 아르바이트생으로 들어온 후부터 세민이를 통해 여러 외국인 친구를 사귀게 된다.

다카하시 준 (高橋(たかはし) 準(じゅん))

하나와 같은 과에 다니는 일본인 학생. 21세. 학교의 유학생 교류 모임에서 링과 다니엘을 만나게 된다.

링 (リン)

세민이와 같은 유학생 센터에 다니는 중국인 학생. 23세

다니엘 (ダニエル)

세민이와 같은 유학생 센터에 다니는 미국인 유학생. 27세

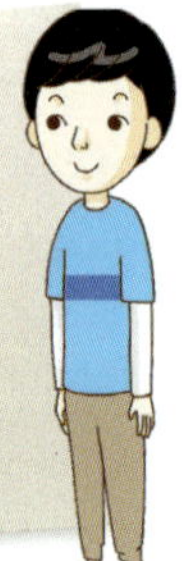

칭 (チン)

유키의 회사에서 아르바이트를 하는 중국인 학생. 세민이와 같은 유학생 센터에 다니고 있다. 24세

가와세 하루카 (川瀬春香(かわせはるか))

준과 어렸을 때부터 친구인 일본 여대생. 드라마나 영화, 패션에 관심이 많다. 21세

복습

確認(かくにん)してみましょう。

확인해 봅시다.

들어가기 전에

STEP3에 들어가기에 앞서 STEP2의 학습 내용을 복습하는 과정을 통해 전체적인 정리를 해 두는 것이 좋습니다.

STEP2에서는 **ます**형을 활용한 문법들을 정리하고, **て**형 문법을 비롯하여 「**ている**」의 상태 용법, **て**형을 활용한 문법, **た**형, **たり**형의 문법을 익혔으며, 동사의 가능형과 「**んだ・んです**」와 같은 회화체 표현을 학습하였습니다.

STEP2에서 배운 기초지식을 바탕으로 자연스럽게 STEP3에서 회화로 활용할 수 있도록 학습한 문법과 대표적인 예문, 접속조사 「**ので**」와 「**から**」, 그리고 이제까지 배운 접속사들을 정리해보도록 하겠습니다.

復習

01 시제 관련 표현

一昨日 おととい 그저께	昨日 きのう 어제	今日 きょう 오늘	明日 あした 내일	明後日 あさって 모레
先々週 せんせんしゅう 지지난주	先週 せんしゅう 지난주	今週 こんしゅう 이번 주	来週 らいしゅう 다음 주	再来週 さらいしゅう 다음 다음 주

02 동사 ます형의 현재형, 과거형, 부정형, 과거 부정형

[현재형]	～ます	예 飲(の)みます 마십니다
[과거형]	～ました	예 飲(の)みました 마셨습니다
[부정형]	～ません	예 飲(の)みません 안 마십니다
[과거 부정형]	～ませんでした	예 飲(の)みませんでした 안 마셨습니다

★ ます형의 현재형은 미래형도 포함합니다.

예 明日(あした)、映画(えいが)を 見(み)ます。내일 영화를 봅니다(볼 겁니다).

03 つもり 생각, 예정 / 予定(よてい) 예정

① 明日(あした)は 東京(とうきょう)の 市内(しない)を 観光(かんこう)する つもりです。〈개인적인 의도, 막연한 생각〉

내일은 도쿄 시내를 관광할 생각입니다.

② 明日(あした)は 東京(とうきょう)の 市内(しない)を 観光(かんこう)する 予定(よてい)です。〈정해진 예정, 공적인 결정사항〉

내일은 도쿄 시내를 관광할 예정입니다.

04 ます형 활용 총정리

문법, 의미	読む 읽다	食べる 먹다	する 하다
～ましょう ～합시다	読みましょう	食べましょう	しましょう
～ましょうか ～할까요?	読みましょうか	食べましょうか	しましょうか
～ませんか ～하지 않겠습니까?	読みませんか	食べませんか	しませんか
～たいです ～하고 싶습니다	読みたいです	食べたいです	したいです
～たく ありません = ～たく ないです ～하고 싶지 않습니다	読みたく ありません 読みたく ないです	食べたく ありません 食べたく ないです	したく ありません したく ないです
～たがって います ～하고 싶어합니다	読みたがって います	食べたがって います	したがって います
～に 行く ～하러 가다	読みに 行く	食べに 行く	しに 行く
～に 行きたいです ～하러 가고 싶습니다	読みに 行きたいです	食べに 行きたいです	しに 行きたいです
～方 ～하는 법	読み方	食べ方	し方
～ながら ～하면서	読みながら	食べながら	しながら

復習

문법, 의미	読(よ)む 읽다	食(た)べる 먹다	する 하다
～すぎる 너무 ～하다	読(よ)みすぎる	食(た)べすぎる	しすぎる
～やすい(です) ～하기 쉽다 (쉽습니다)	読(よ)みやすい	食(た)べやすい	しやすい
～にくい(です) ～하기 어렵다 (어렵습니다)	読(よ)みにくい	食(た)べにくい	しにくい
～なさい ～하시오	読(よ)みなさい	食(た)べなさい	しなさい
～はじめる ～하기 시작하다	読(よ)みはじめる	食(た)べはじめる	しはじめる

05 ～に なる, ～く なる 용법

명사	명사＋に なる	예 大学生(だいがくせい)に なりました。 대학생이 되었습니다.
い형용사	い＋く なる	예 寒(さむ)く なりました。 추워졌습니다.
な형용사	だ＋に なる	예 好(す)きに なりました。 좋아하게 되었습니다.

06 ～に なりたいです　～이(하게) 되고 싶습니다

有名な 歌手に なりたいです。 유명한 가수가 되고 싶습니다.

きれいに なりたいです。 예뻐지고 싶습니다.

日本語が 上手に なりたいです。 일본어를 잘하고 싶습니다.

07 ～と 思います　～(이)라고 생각합니다

명사	명사 だ + と 思います	예 彼の 話は うそだと 思います。 그의 이야기는 거짓말이라고 생각합니다.
い형용사	～い + と 思います	예 ちょっと 高いと 思います。 좀 비싸다고 생각합니다.
な형용사	～だ + と 思います	예 料理が 得意だと 思います。 요리를 잘한다고 생각합니다.
동사	기본체 + と 思います	예 明日も 雨が 降ると 思います。 내일도 비가 올 거라고 생각합니다.

復習

08 동사의 て형, た형, たり형, たら형

1그룹 동사 (5단동사)	う, つ, る → って / った / ったり / ったら ぬ, む, ぶ → んで / んだ / んだり / んだら く → いて / いた / いたり / いたら ぐ → いで / いだ / いだり / いだら す → して / した / したり / したら ★ 行く → 行って / 行った / 行ったり / 行ったら
2그룹 동사 (상1단동사 · 하1단동사)	る + て / た / たり / たら
3그룹 동사 (カ행변격동사 · サ행변격동사)	来る → 来て / 来た / 来たり / 来たら する → して / した / したり / したら

地下鉄で ラジオを 聞いて います。 지하철에서 라디오를 듣고 있습니다.

日本の お寺に 行った ことが ありますか。 일본 절에 가 본 적이 있습니까?

会社の 前を 行ったり 来たり します。 회사 앞을 왔다 갔다 합니다.

明日 雨が 降ったら 旅行を しません。 내일 비가 온다면 여행 가지 않겠습니다.

09 「~て いる」, 「~て います」의 상태 용법

1. 자연현상

雨(あめ)が 降(ふ)って います。
비가 오고 있습니다.

雪(ゆき)が 降(ふ)って います。
눈이 오고 있습니다.

風(かぜ)が 吹(ふ)いて います。
바람이 불고 있습니다.

2. 상태

佐藤(さとう)さんを 知(し)って いますか。	사토 씨를 알고 있습니까?
カードを 持(も)って いますか。	카드를 갖고 있습니까?
どこに 住(す)んで いますか。	어디에 살고 있습니까?
→ 大阪(おおさか)に 住(す)んで います。	오사카에 살고 있습니다.
田中(たなか)さんは 結婚(けっこん)して いますか。	다나카 씨는 결혼했습니까?
→ はい、結婚(けっこん)して います。	네, 결혼했습니다.
→ いいえ、結婚(けっこん)して いません。	아니요, 결혼 안 했습니다.
この 映画(えいが)を 見(み)ましたか。	이 영화를 봤습니까?
→ はい、見(み)ました。	네, 봤습니다.
→ いいえ、まだ 見(み)て いません。(◯)	아니요, 아직 안 봤습니다.
いいえ、まだ 見(み)ませんでした。(X)	

復習

3. 착용

着(き)る	スーツ　ブラウス　シャツ　セーター　コート　ワンピース … 정장　블라우스　셔츠　스웨터　코트　원피스
履(は)く	ズボン　ジーンズ　スカート　靴(くつ)　靴下(くつした)　ハイヒール … 바지　청바지　스커트　구두　양말　하이힐
かぶる	帽子(ぼうし) 모자
かける	眼鏡(めがね)　サングラス　かばん 안경　선글라스　가방
しめる	ネクタイ　ベルト 넥타이　벨트
する	指輪(ゆびわ)　ネックレス　ピアス　スカーフ　腕時計(うでどけい)　手袋(てぶくろ) 반지　목걸이　귀걸이　스카프　손목시계　장갑

10 ～だけ / ～しか　~만, ~뿐 / ~밖에

～だけ　~만, ~뿐	～しか ＋ 부정문　~밖에
예 女(おんな)の人(ひと)は 1人(ひとり)だけです。 여자는 한 명뿐입니다.	예 女(おんな)の人(ひと)は 1人(ひとり)しか いません。 여자는 한 명밖에 없습니다.
예 お金(かね)は 1,000円(せんえん)だけです。 돈은 천 엔뿐입니다.	예 お金(かね)は 1,000円(せんえん)しか ありません。 돈은 천 엔밖에 없습니다.
예 飲(の)み物(もの)は 水(みず)だけです。 음료는 물뿐입니다.	예 飲(の)み物(もの)は 水(みず)しか ありません。 음료는 물밖에 없습니다.
예 駅(えき)から 歩(ある)いて 5分(ごふん)だけです。 역에서 걸어서 5분뿐입니다.	예 駅(えき)から 歩(ある)いて 5分(ごふん)しか かかりません。 역에서 걸어서 5분밖에 안 걸립니다.

11 ~から ~이니까, ~이기 때문에 (접속조사)

명사	명사 だ + から 명사 です + から	예 会社員(かいしゃいん)だから 会社員(かいしゃいん)ですから 회사원이니까	비교 会社員(かいしゃいん)なので 会社員(かいしゃいん)ですので 회사원이기 때문에
い형용사	~い + から ~いです + から	예 おもしろいから おもしろいですから 재미있으니까	비교 おもしろいので おもしろいですので 재미있기 때문에
な형용사	~だ + から ~だ + です + から	예 便利(べんり)だから 便利(べんり)ですから 편리하니까	비교 便利(べんり)なので 便利(べんり)ですので 편리하기 때문에
동사	기본형 + から ~ます + から	예 買(か)い物(もの)するから 買(か)い物(もの)しますから 쇼핑하니까	비교 買(か)い物(もの)するので 買(か)い物(もの)しますので 쇼핑하기 때문에

※ 이 외에도 부정형, 과거형, 과거 부정형으로 활용할 수 있습니다.

12 ~(な)のに / ~(な)ので ~인데도 / ~이니까, ~이기 때문에

~(な)のに ~인데도			~(な)ので ~이니까, ~이기 때문에		
명사	명사 + なのに	예 休(やす)みなのに 휴가인데도	명사	명사 + なので	예 休(やす)みなので 휴가이기 때문에
い형용사	~い + のに	예 安(やす)いのに 싼데도	い형용사	~い + ので	예 安(やす)いので 싸기 때문에
な형용사	~だ + なのに	예 好(す)きなのに 좋아한데도	な형용사	~だ + なので	예 好(す)きなので 좋아하기 때문에
동사	기본형 + のに	예 行(い)くのに 가는데도	동사	기본형 + ので	예 行(い)くので 가기 때문에

※ 이 외에도 부정형, 과거형, 과거 부정형으로 활용할 수 있습니다.

復習

13 ~でしょう ① ~(이)죠? (확인, 동의) / ② ~이겠죠 (추측)

これは 日本(にほん)の お菓子(かし)でしょう。↗ (확인, 동의)
이것은 일본 과자죠?

ホテルの デザートは 高(たか)いでしょう。↗ (확인, 동의)
호텔 디저트는 비싸죠?

有名(ゆうめい)な アニメだから おもしろいでしょう。↘ (추측)
유명한 애니메이션이니까 재미있겠죠.

明日(あした)も たぶん 雨(あめ)が 降(ふ)るでしょう。↘ (추측)
내일도 아마 비가 오겠죠.

14 ~かも しれません ~일지도 모릅니다

명사	명사 + かも しれません	예 学生(がくせい)かも しれません 학생일지도 모릅니다
い형용사	~い + かも しれません	예 高(たか)いかも しれません 비쌀지도 모릅니다
な형용사	だ + かも しれません	예 静(しず)かかも しれません 조용할지도 모릅니다
동사	기본체 + かも しれません	예 雪(ゆき)が 降(ふ)るかも しれません 눈이 올지도 모릅니다

この 問題(もんだい)は ちょっと 難(むずか)しいかも しれません。
이 문제는 좀 어려울지도 모릅니다.

あの 歌手(かしゅ)は 日本(にほん)より 中国(ちゅうごく)で もっと 有名(ゆうめい)かも しれません。
저 가수는 일본보다 중국에서 더 유명할지도 모릅니다.

会議(かいぎ)に 遅(おく)れるかも しれません。 회의에 늦을지도 모릅니다.

15 て형 활용 총정리

문법, 의미	飲む 마시다	食べる 먹다	する 하다
~て ください ~해 주세요	飲んで ください	食べて ください	して ください
~て います ~하고 있습니다	飲んで います	食べて います	して います
~てから ~하고 나서	飲んでから	食べてから	してから
~て みたい ~해 보고 싶다	飲んで みたい	食べて みたい	して みたい
~て みたいです ~해 보고 싶습니다	飲んで みたいです	食べて みたいです	して みたいです
~ても いいです ~해도 됩니다	飲んでも いいです	食べても いいです	しても いいです
~ては いけません ~해서는 안 됩니다	飲んでは いけません	食べては いけません	しては いけません
~て ばかりいる ~하고만 있다	飲んで ばかりいる	食べて ばかりいる	して ばかりいる
~て ばかりいます ~하고만 있습니다	飲んで ばかりいます	食べて ばかりいます	して ばかりいます
~て しまう ~해 버리다	飲んで しまう	食べて しまう	して しまう
~て しまいました ~해 버렸습니다	飲んで しまいました	食べて しまいました	して しまいました

復習

16 た형 활용 문법

문법	예
～た ことが あります ～한 적이 있습니다	예 勉強(べんきょう)した ことが あります。 공부한 적이 있습니다.
～た 方(ほう)が いいです ～하는 편이 낫습니다	예 勉強(べんきょう)した 方(ほう)が いいです。 공부하는 편이 낫습니다.
～た ばかりです ～한 지 얼마 안 됐습니다	예 勉強(べんきょう)した ばかりです。 공부한 지 얼마 안 됐습니다.
～た + 명사 ～한 + 명사	예 勉強(べんきょう)した 学生(がくせい) 공부한 학생

17 たり형 활용 문법

문법	예
～たり ～たり する ～하기도 하고 ～하기도 하다	예 映画(えいが)を 見(み)たり 音楽(おんがく)を 聞(き)いたり します。 영화를 보기도 하고, 음악을 듣기도 합니다.

歌(うた)を 歌(うた)ったり ダンスを したり します。
노래를 부르기도 하고, 춤을 추기도 합니다.

土曜日(どようび)は 買(か)い物(もの)に 行(い)ったり サウナに 行(い)ったり します。
토요일은 쇼핑하러 가기도 하고, 사우나하러 가기도 합니다.

★ 会社(かいしゃ)の 前(まえ)を 行(い)ったり 来(き)たり します。 회사 앞을 왔다 갔다 합니다.

18 たり형 & たら형

구분	형태	예	뜻
명사	명사 + だったり 명사 + だったら	예 歌手(かしゅ)だったり 歌手(かしゅ)だったら	가수이기도 하고 가수라면
な형용사	だ + だったり だ + だったら	예 親切(しんせつ)だったり 親切(しんせつ)だったら	친절하기도 하고 친절하다면
い형용사	い + かったり い + かったら	예 おいしかったり おいしかったら	맛있기도 하고 맛있다면
동사	~たり ~たら	예 食(た)べたり 食(た)べたら	먹기도 하고 먹는다면

19 동사의 가능형

구분	형태	예
1그룹 동사 (5단동사)	u단 → e단 + る	예 買(か)う → 買(か)える 読(よ)む → 読(よ)める 書(か)く → 書(か)ける 話(はな)す → 話(はな)せる ★ 帰(かえ)る → 帰(かえ)れる
2그룹 동사 (상1단동사 · 하1단동사)	る + られる	예 見(み)る → 見(み)られる 起(お)きる → 起(お)きられる 食(た)べる → 食(た)べられる 寝(ね)る → 寝(ね)られる
3그룹 동사 (カ행변격동사 · サ행변격동사)	来(く)る → 来(こ)られる する → できる	예 来(く)る → 来(こ)られる 勉強(べんきょう)する → 勉強(べんきょう)できる

① 本(ほん)が 読(よ)める = 本(ほん)を 読(よ)む ことが できる 책을 읽을 수 있다

② 運転(うんてん)が できる = 運転(うんてん)を する ことが できる 운전을 할 수 있다

20 ～(な)んだ(～(な)んです)의 현재형 ～인 거다(한 거다)/～이거든요(하거든요)

	기본형(～이다)	반말 회화체(～이거든)	정중 회화체(～이거든요)
명사	예 休(やす)みだ 휴가다	休(やす)みなんだ	休(やす)みなんです
な형용사	예 まじめだ 성실하다	まじめなんだ	まじめなんです
い형용사	예 おいしい 맛있다	おいしいんだ	おいしいんです
동사	예 する 하다	するんだ	するんです

21 ～(な)んだ(～(な)んです)의 과거형 ～이었다(했다)/～이었거든요(했거든요)

	과거형(～이었다)	반말 회화체(～했거든)	정중 회화체(～했거든요)
명사	예 休(やす)みだった 휴가였다	休(やす)みだったんだ	休(やす)みだったんです
な형용사	예 まじめだった 성실했다	まじめだったんだ	まじめだったんです
い형용사	예 おいしかった 맛있었다	おいしかったんだ	おいしかったんです
동사	예 した 했다	したんだ	したんです

22 접속사 정리

そして	그리고	じゃ (=では)	그럼, 그러면	だから	그러니까
それから	그리고 (나서)	それじゃ (=それでは)	그럼, 그러면	でも	그렇지만, 그러나
それで	그래서	それに	게다가	ところで	그런데

1과 あまり 無理(むり)しない 方(ほう)が いいですよ。

너무 무리하지 않는 편이 좋습니다.

Track 01

필수 문장 익히기

明日(あした)は 会社(かいしゃ)へ 行(い)かなくても いいですか。
내일은 회사에 안 가도 됩니까?

いいえ、行(い)かなければ なりません。 아니요, 가지 않으면 안 됩니다.

KEY WORD

心配(しんぱい)
걱정

発表(はっぴょう)
발표

説明(せつめい)
설명

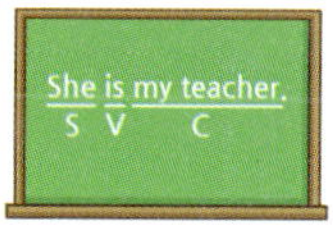

文法(ぶんぽう)
문법

料金(りょうきん)
요금

小包(こづつみ)
소포

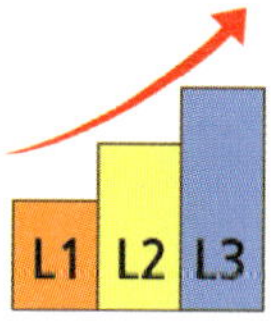

レベル
레벨

ペン
펜

ピザ
피자

会話

선생님과 세민이가 일본어 시험에 대해서 이야기하고 있습니다.

WORD

- テストの 勉強(べんきょう) 시험 공부
- うまく 行(い)く 잘 되다, 진행이 순조롭다
- 漢字(かんじ) 한자
- 多(おお)すぎる 너무 많다
- ページ(page) 페이지
- 覚(おぼ)える 외우다, 기억하다
- ~なくても いいです ~하지 않아도 돼요
- 文法(ぶんぽう) 문법
- ~なければ なりません ~하지 않으면 안 됩니다
- 問題(もんだい)を 出(だ)す 문제를 내다
- ~ないで ください ~하지 마세요
- そんなに 그렇게
- でも 하지만, 그렇지만
- 心配(しんぱい)だ 걱정이다
- 今晩(こんばん) 오늘 밤
- 徹夜(てつや) 밤샘, 철야
- あまり ① 너무 ② 별로, 그다지
- 無理(むり) 무리
- ~ない方(ほう)が いい ~하지 않는 편이 좋다

Track 02

先生(せんせい) キムさん、テストの 勉強(べんきょう)は うまく 行(い)って いますか。

キム いいえ、漢字(かんじ)が 多(おお)すぎて……。

30(さんじゅっ)ページの 漢字(かんじ)は 覚(おぼ)えなくても いいんですよね。

先生(せんせい) はい。でも、文法(ぶんぽう)は 覚(おぼ)えなければ なりません。

キム 先生(せんせい)、難(むずか)しい 問題(もんだい)は 出(だ)さないで ください。

先生(せんせい) そんなに 難(むずか)しく ありませんよ。

キム でも、やっぱり 心配(しんぱい)だから 今晩(こんばん) 徹夜(てつや)します。

先生(せんせい) え! 徹夜(てつや)?

あまり 無理(むり)しない 方(ほう)が いいですよ。

Tip

「~よね」는 말하는 사람이 당연히 그렇다고 여기는 것에 대해 듣는 사람에게도 동의를 구하는 확인의 뉘앙스를 갖고 있으며, 듣는 사람의 주의를 끄는 「よ」와 동의를 요구하는 「ね」가 합쳐진 종조사입니다.

예 **そうですよね。** 그렇군요. 그런 거네요(그런 거군요)?

文法まとめ

01 동사의 ない형

1그룹 동사 (5단동사)	u단 → a단 + ない (단,「う」로 끝나는 동사는「わ」로 바뀜)	예 読(よ)む → 読(よ)まない 書(か)く → 書(か)かない 話(はな)す → 話(はな)さない 帰(かえ)る → 帰(かえ)らない ★ 買(か)う → 買(か)わない
2그룹 동사 (상1단동사 · 하1단동사)	る + ない	예 見(み)る → 見(み)ない 起(お)きる → 起(お)きない 食(た)べる → 食(た)べない 寝(ね)る → 寝(ね)ない
3그룹 동사 (カ행 변격동사 · サ행 변격동사)	来(く)る → 来(こ)ない する → しない	예 来(く)る → 来(こ)ない 勉強(べんきょう)する → 勉強(べんきょう)しない

Tip

[예외]「ある」의 부정형 → ない (○), あらない (×)

02 ない형의 활용 문법

～ないで ください ～하지 마세요	예 買(か)わないで ください
～ない 方(ほう)が いいです ～하지 않는 편이 좋습니다	예 買(か)わない 方(ほう)が いいです
～なければ なりません ～하지 않으면 안 됩니다	예 買(か)わなければ なりません
～なくても いいです ～하지 않아도 됩니다	예 買(か)わなくても いいです

03 ない형의 활용 연습

의미	동사	ない형	의미	동사	ない형
사다	買(か)う		쓰다	書(か)く	
만나다	会(あ)う		듣다, 묻다	聞(き)く	
노래하다	歌(うた)う		걷다	歩(ある)く	
사용하다	使(つか)う		일하다	働(はたら)く	
피우다, 빨다	吸(す)う		헤엄치다	泳(およ)ぐ	
기다리다	待(ま)つ		가다	行(い)く	
들다, 갖다	持(も)つ		이야기하다	話(はな)す	
타다	乗(の)る		보다	見(み)る	
찍다	撮(と)る		먹다	食(た)べる	
만들다	作(つく)る		일어나다	起(お)きる	
보내다	送(おく)る		자다	寝(ね)る	
돌아오다 (돌아가다)	帰(かえ)る		가르치다	教(おし)える	
죽다	死(し)ぬ		외우다, 기억하다	覚(おぼ)える	
읽다	読(よ)む		나오다 (나가다)	出(で)る	
마시다	飲(の)む		그만두다, 끊다	やめる	
쉬다	休(やす)む		걸다	かける	
놀다	遊(あそ)ぶ		오다	来(く)る	
부르다	呼(よ)ぶ		하다	する	

文法まとめ

〈ない형의 활용 연습 정답〉

의미	동사	ない형	의미	동사	ない형
사다	買(か)う	買(か)わない	쓰다	書(か)く	書(か)かない
만나다	会(あ)う	会(あ)わない	듣다, 묻다	聞(き)く	聞(き)かない
노래하다	歌(うた)う	歌(うた)わない	걷다	歩(ある)く	歩(ある)かない
사용하다	使(つか)う	使(つか)わない	일하다	働(はたら)く	働(はたら)かない
피우다, 빨다	吸(す)う	吸(す)わない	헤엄치다	泳(およ)ぐ	泳(およ)がない
기다리다	待(ま)つ	待(ま)たない	가다	行(い)く	行(い)かない
들다, 갖다	持(も)つ	持(も)たない	이야기하다	話(はな)す	話(はな)さない
타다	乗(の)る	乗(の)らない	보다	見(み)る	見(み)ない
찍다	撮(と)る	撮(と)らない	먹다	食(た)べる	食(た)べない
만들다	作(つく)る	作(つく)らない	일어나다	起(お)きる	起(お)きない
보내다	送(おく)る	送(おく)らない	자다	寝(ね)る	寝(ね)ない
돌아오다 (돌아가다)	帰(かえ)る	帰(かえ)らない	가르치다	教(おし)える	教(おし)えない
죽다	死(し)ぬ	死(し)なない	외우다, 기억하다	覚(おぼ)える	覚(おぼ)えない
읽다	読(よ)む	読(よ)まない	나오다 (나가다)	出(で)る	出(で)ない
마시다	飲(の)む	飲(の)まない	그만두다, 끊다	やめる	やめない
쉬다	休(やす)む	休(やす)まない	걸다	かける	かけない
놀다	遊(あそ)ぶ	遊(あそ)ばない	오다	来(く)る	来(こ)ない
부르다	呼(よ)ぶ	呼(よ)ばない	하다	する	しない

04 ～なくても いいです　～하지 않아도 됩니다

日本語(にほんご)で 説明(せつめい)しなくても いいです。

ペンで 書(か)かなくても いいです。

明日(あした)は 早(はや)く 起(お)きなくても いいです。

05 ～なければ なりません　～하지 않으면 안 됩니다

試験(しけん)に 合格(ごうかく)しなければ なりません。

約束(やくそく)は 守(まも)らなければ なりません。

一生懸命(いっしょうけんめい) 勉強(べんきょう)しなければ なりません。

Tip

～なければ なりません = ～なければ ならないです

WORD

- 説明(せつ めい) 설명
- ペン(pen) 펜
- 試験(し けん) 시험
- 合格(ごう かく) 합격
- 約束(やく そく)を 守(まも)る 약속을 지키다
- 一生懸命(いっ しょう けん めい) 열심히

文法まとめ

06 ～ないで ください　～하지 마세요, ～하지 말아 주세요

作品(さくひん)に 触(さわ)らないで ください。

田中(たなか)さんには 言(い)わないで ください。

芝生(しばふ)に 入(はい)らないで ください。

Tip

「入(はい)る」는 「帰(かえ)る」처럼 예외 1그룹(5단) 동사이므로 「入(はい)らない」로 활용됩니다.

예 入(はい)る → 入(はい)ります → 入(はい)って → 入(はい)れる → 入(はい)らない
帰(かえ)る → 帰(かえ)ります → 帰(かえ)って → 帰(かえ)れる → 帰(かえ)らない

07 ～ない 方(ほう)が いいです　～하지 않는 편이 좋습니다

夜遅(よるおそ)く ピザを 食(た)べない 方(ほう)が いいです。

卒業(そつぎょう)アルバムは 彼氏(かれし)に 見(み)せない 方(ほう)が いいです。

足(あし)が 痛(いた)いから 運動(うんどう)しない 方(ほう)が いいです。

WORD

- 作品(さくひん) 작품
- 触(さわ)る 만지다, 손대다
- ～に 言(い)う ～에게 말하다
- 芝生(しばふ)に 入(はい)る 잔디(밭)에 들어가다
- ピザ(pizza) 피자
- 卒業(そつぎょう) 졸업
- アルバム(album) 앨범
- 見(み)せる 보여주다

* 표현 PLUS *

* ～なければ なりません　～하지 않으면 안 됩니다

1) 명사 → 명사 + でなければ なりません

예 会員(かいいん)でなければ なりません。 회원이 아니면 안 됩니다.

2) い형용사 → い + くなければ なりません

예 背(せ)が 高(たか)くなければ なりません。 키가 크지 않으면 안 됩니다.

3) な형용사 → だ + でなければ なりません

예 まじめでなければ なりません。 성실하지 않으면 안 됩니다.

4) 동사 → ない형 + なければ なりません

예 帰(かえ)らなければ なりません。 돌아가지 않으면 안 됩니다.

* ～なくても いいです　～하지 않아도 됩니다

1) 명사 → 명사 + でなくても いいです

예 学生(がくせい)でなくても いいです。 학생이 아니어도 됩니다.

2) い형용사 → い + くなくても いいです

예 レベルが 高(たか)くなくても いいです。 레벨이 높지 않아도 됩니다.

3) な형용사 → だ + でなくても いいです

예 有名(ゆうめい)でなくても いいです。 유명하지 않아도 됩니다.

4) 동사 → ない형 + なくても いいです

예 説明(せつめい)しなくても いいです。 설명하지 않아도 됩니다.

話してみましょう

그림을 보고 예와 같이 말해 보세요.

1

예

英語(えいご)で 発表(はっぴょう)する

A : 英語(えいご)で 発表(はっぴょう)しなければ なりませんか。

B : はい、 英語(えいご)で 発表(はっぴょう)しなければ なりません。

いいえ、英語(えいご)で 発表(はっぴょう)しなくても いいです。

1

ペンで 書(か)く

A : ペンで 書(か)かなければ なりませんか。

2

料金(りょうきん)を 払(はら)う

A : 料金(りょうきん)を 払(はら)わなければ なりませんか。

3

朝早(あさはや)く 起(お)きる

A : 朝早(あさはや)く 起(お)きなければ なりませんか。

WORD

- 発表(はっぴょう) 발표
- ペンで 書(か)く 펜으로 쓰다
- 料金(りょうきん)を 払(はら)う 요금을 지불하다
- 朝早(あさはや)く 아침 일찍

2

예

たばこを 吸(す)う

① たばこを 吸(す)わないで ください。

② たばこを 吸(す)わない 方(ほう)が いいです。

1

お酒(さけ)を 飲(の)んで 運転(うんてん)する

① ＿＿＿＿＿＿＿＿＿＿＿＿＿＿＿＿。

② ＿＿＿＿＿＿＿＿＿＿＿＿＿＿＿＿。

2

芝生(しばふ)に 入(はい)る

① ＿＿＿＿＿＿＿＿＿＿＿＿＿＿＿＿。

② ＿＿＿＿＿＿＿＿＿＿＿＿＿＿＿＿。

3

夜遅(よるおそ)く 食(た)べる

① ＿＿＿＿＿＿＿＿＿＿＿＿＿＿＿＿。

② ＿＿＿＿＿＿＿＿＿＿＿＿＿＿＿＿。

WORD

- たばこを 吸(す)う 담배를 피우다
- 運転(うんてん) 운전
- 芝生(しばふ)に 入(はい)る 잔디(밭)에 들어가다
- 夜遅(よるおそ)く 밤 늦게

読んでみましょう

읽어 봅시다

1 다음 내용을 큰 소리로 천천히 읽어 보세요.

Track 03

水曜日は 韓国に いる / 母の 誕生日だ。/

それで、プレゼントを 買って / 郵便局に 行った。/

小包は 水曜日には 到着しなければ ならない。/

今日は 月曜日なので、/ 普通郵便で 送らない 方が いいと 思った。/

結局、EMSで 送ったが、/ 料金が 高すぎて びっくりした。/

2 다음 내용을 자신있게 읽어 보세요.

Track 04

水曜日は韓国にいる母の誕生日だ。

それで、プレゼントを買って郵便局に行った。

小包は水曜日には到着しなければならない。

今日は月曜日なので、普通郵便で送らない方がいいと思った。

結局、EMSで送ったが、料金が高すぎてびっくりした。

WORD

- **それで** 그래서
- **プレゼント**(present) 선물
- **郵便局**(ゆう びん きょく) 우체국
- **小包**(こ づつみ) 소포
- **到着**(とう ちゃく) 도착
- **普通郵便**(ふ つう ゆう びん) 보통우편
- **送(おく)る** 보내다
- **～と 思(おも)った** ～(이)라고 생각했다
- **結局**(けっ きょく) 결국
- **料金**(りょう きん) 요금
- **高(たか)すぎる** 너무 비싸다
- **びっくりした** 깜짝 놀랐다

書いてみましょう

써 봅시다

다음 예와 같이 일본어로 써 보세요.

예

写真(しゃしん)を 撮(と)る

① 写真(しゃしん)を 撮(と)らないで ください。
② 写真(しゃしん)を 撮(と)らない 方(ほう)が いいです。
③ 写真(しゃしん)を 撮(と)らなければ なりません。
④ 写真(しゃしん)を 撮(と)らなくても いいです。

1

会社(かいしゃ)を やめる

① ______________________________。
② ______________________________。
③ ______________________________。
④ ______________________________。

2

タクシーに 乗る

① ______________________________。
② ______________________________。
③ ______________________________。
④ ______________________________。

3

日本語(にほんご)で 発表(はっぴょう)する

① ______________________________。
② ______________________________。
③ ______________________________。
④ ______________________________。

WORD

- 会社(かいしゃ)を やめる 회사를 그만두다
- タクシー 택시
- 発表(はっぴょう) 발표

聞いてみましょう

들어 봅시다

A 잘 듣고 밑줄 친 부분에 써 보세요.

Track 05

1. 漢字(かんじ)を ＿＿＿＿＿＿＿＿＿＿ なりません。

2. 明日(あした)は 会社(かいしゃ)へ ＿＿＿＿＿＿＿＿＿＿ いいです。

3. 佐藤(さとう)さんに 電話(でんわ) ＿＿＿＿＿＿＿＿＿＿ 方(ほう)が いいです。

B 그림을 보고 내용과 알맞은 번호를 고르세요.

1. 

2. 

정답	① ② ③

정답	① ② ③

漢字・カタカナ練習

한자 • 가타카나 연습

한 자 다음 한자를 읽고 따라 써 보세요.

明
밝을 **명**

説明
せつ めい
설명

説明
せつ めい

보기 文明(ぶんめい) 문명, 発明(はつめい) 발명

文
글월 **문**

文法
ぶん ぽう
문법

文法
ぶん ぽう

보기 文学(ぶんがく) 문학, 文化(ぶんか) 문화

金
쇠 **금**

料金
りょう きん
요금

料金
りょう きん

보기 金魚(きんぎょ) 금붕어, 金額(きんがく) 금액

가타카나 다음 가타카나를 읽고 따라 써 보세요.

レベル
level 레벨

レベル

レベル

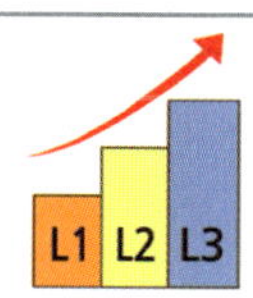

ペン
pen 펜

ペン

ペン

会話復習

회화 복습

Track 06

다음의 『会話(かいわ)/회화』 스크립트를 보면서 복습해 보세요.

2과 家(うち)で パーティーをするそうです。

집에서 파티를 한다고 합니다.

Track 07

필수 문장 익히기

天気予報(てんきよほう)に よると 午後(ごご)から 雨(あめ)が 降(ふ)るそうです。
일기예보에 의하면 오후부터 비가 온다고 합니다.

それで、今日(きょう)は 早(はや)く 家(うち)へ 帰(かえ)ろうと 思(おも)います。
그래서, 오늘은 일찍 집에 돌아가려고 합니다.

KEY WORD

 天気予報(てんきよほう) 일기예보	 風邪(かぜ) 감기	 台風(たいふう) 태풍
 化粧品(けしょうひん) 화장품	 お土産(みやげ) 기념품, 선물	 世界(せかい) 세계
 スーツ 정장, 슈트	 マフラー 머플러	 ハンカチ 손수건

会話

칭과 하나가 다니엘의 생일선물로 무엇을 살 것인지 이야기하고 있습니다.

WORD

- 誕生日(たん じょう び) 생일
- パーティー(party) 파티
- ~そうです ~(이)라고 합니다
- ぜひ 꼭(간절히 원할 때)
- ところで 그런데
- プレゼント(present) 선물
- 帽子(ぼう し) 모자
- 化粧品(け しょう ひん) 화장품
- ~に する ~(으)로 하다
- 男(おとこ)の 人(ひと) 남자
- お肌(はだ) 피부
- ケア(care) 케어

Track 08

チン　明日(あした)は ダニエルさんの 誕生日(たんじょうび)なので、ダニエルさんの 家(うち)で
　　　パーティーを するそうですよ。

イ　　うわー、おもしろそうですね。私(わたし)も 行(い)きたいです。

チン　じゃ、一緒(いっしょ)に 行(い)きますか。

イ　　はい、ぜひ。
　　　ところで、プレゼントは 何(なに)を 買(か)う つもりですか。

チン　僕(ぼく)は 帽子(ぼうし)を 買(か)おうと 思(おも)って います。

イ　　じゃ、私(わたし)は 化粧品(けしょうひん)に します。

チン　え! 男(おとこ)の 人(ひと)に 化粧品(けしょうひん)ですか。

イ　　ええ、最近(さいきん)は 男(おとこ)の 人(ひと)も お肌(はだ)の ケアを しますよ。

文法まとめ

01 そうだ의 용법

문법	전문(伝聞)의 そうだ (~(이)라고 한다)	추측, 양태의 そうだ (~인 것 같다)
명사	명사 だ + そうだ(そうです) 예 学生(がくせい)だそうです 학생이라고 합니다	×
い형용사	~い + そうだ(そうです) 예 おいしいそうです 맛있다고 합니다	い + そうだ(そうです) 예 おいしそうです 맛있을 것 같습니다
な형용사	~だ + そうだ(そうです) 예 簡単(かんたん)だそうです 간단하다고 합니다	だ + そうだ(そうです) 예 簡単(かんたん)そうです 간단한 것 같습니다
동사	기본체 + そうだ(そうです) 예 雨(あめ)が 降(ふ)るそうです 비가 온다고 합니다	ます형 + そうだ(そうです) 예 雨(あめ)が 降(ふ)りそうです 비가 올 것 같습니다

[명사] 山田(やまだ)さんの お父(とう)さんは 映画監督(えいがかんとく)だそうです。 (전문)

[い형용사] この 映画(えいが)は とても おもしろいそうです。 (전문)
この 映画(えいが)は とても おもしろそうですね。 (추측, 양태)

[な형용사] カタカナは ひらがなより 簡単(かんたん)だそうです。 (전문)
カタカナは ひらがなより 簡単(かんたん)そうです。 (추측, 양태)

[동사] ニュースに よると 明日(あした)は 雨(あめ)が 降(ふ)るそうです。 (전문)
今(いま)にも 雨(あめ)が 降(ふ)りそうです。 (추측, 양태)

02 いい와 ない의 추측 · 양태의 そうだ

※「いい」/「ない」의 추측 · 양태의 そうだ

A. いい → よさそうだ (○)
よそうだ (×)

예 天気が よさそうです。날씨가 좋은 것 같습니다.

B. ない → なさそうだ (○)
なそうだ (×)

예 時間が あまり なさそうです。시간이 별로 없는 것 같습니다.

Tip

1) い, な형용사, 동사의 부정 표현에 대한 추측, 양태의「そうだ」

[い형용사] 高い → 高く なさそうです。비싸지 않을 것 같습니다.

[な형용사] まじめだ → まじめじゃ なさそうです。성실하지 않을 것 같습니다.

[동사] 雨が 降る → 雨が 降りそうに(も) ないです。비가 올 것 같지 않습니다.

2)「そうだ」의 명사 수식

예 おもしろそうな 映画 재미있을 것 같은 영화
泣きそうな 顔 울 것 같은 얼굴

WORD

- 映画監督(えいがかんとく) 영화감독
- 天気(てんき) 날씨
- 時間(じかん) 시간
- 泣(な)く 울다
- 顔(かお) 얼굴

文法まとめ

03 동사의 의지형

1그룹 동사 (5단동사)	u단 → o단 + う	예 会う → 会おう 話す → 話そう 行く → 行こう ★ 帰る → 帰ろう
2그룹 동사 (상1단동사 · 하1단동사)	る + よう	예 見る → 見よう 起きる → 起きよう 食べる → 食べよう 寝る → 寝よう
3그룹 동사 (カ행 변격동사 · サ행 변격동사)	来る → 来よう する → しよう	예 来る → 来よう 散歩する → 散歩しよう

A. ～(よ)う ～하자, ～해야지

早く 行こう。

B. ～(よ)うと 思います ～하려고 합니다

試験が 終わってから 友達と 映画を 見ようと 思います。

来年は 世界旅行を しようと 思います。

WORD

- 散歩(さんぽ) 산책
- 試験(しけん) 시험
- 世界旅行(せかいりょこう) 세계 여행

04 의지형의 활용 연습

의미	동사	~(よ)う	의미	동사	~(よ)う
사다	買(か)う		쓰다	書(か)く	
만나다	会(あ)う		듣다, 묻다	聞(き)く	
노래하다	歌(うた)う		걷다	歩(ある)く	
사용하다	使(つか)う		일하다	働(はたら)く	
피우다, 빨다	吸(す)う		헤엄치다	泳(およ)ぐ	
기다리다	待(ま)つ		가다	行(い)く	
들다, 갖다	持(も)つ		이야기하다	話(はな)す	
타다	乗(の)る		보다	見(み)る	
찍다	撮(と)る		먹다	食(た)べる	
만들다	作(つく)る		일어나다	起(お)きる	
보내다	送(おく)る		자다	寝(ね)る	
돌아오다 (돌아가다)	帰(かえ)る		가르치다	教(おし)える	
죽다	死(し)ぬ		외우다, 기억하다	覚(おぼ)える	
읽다	読(よ)む		나오다 (나가다)	出(で)る	
마시다	飲(の)む		그만두다, 끊다	やめる	
쉬다	休(やす)む		걸다	かける	
놀다	遊(あそ)ぶ		오다	来(く)る	
부르다	呼(よ)ぶ		하다	する	

文法まとめ

〈의지형의 활용 연습 정답〉

의미	동사	~(よ)う	의미	동사	~(よ)う
사다	買う	買おう	쓰다	書く	書こう
만나다	会う	会おう	듣다, 묻다	聞く	聞こう
노래하다	歌う	歌おう	걷다	歩く	歩こう
사용하다	使う	使おう	일하다	働く	働こう
피우다, 빨다	吸う	吸おう	헤엄치다	泳ぐ	泳ごう
기다리다	待つ	待とう	가다	行く	行こう
들다, 갖다	持つ	持とう	이야기하다	話す	話そう
타다	乗る	乗ろう	보다	見る	見よう
찍다	撮る	撮ろう	먹다	食べる	食べよう
만들다	作る	作ろう	일어나다	起きる	起きよう
보내다	送る	送ろう	자다	寝る	寝よう
돌아오다 (돌아가다)	帰る	帰ろう	가르치다	教える	教えよう
죽다	死ぬ	死のう	외우다, 기억하다	覚える	覚えよう
읽다	読む	読もう	나오다 (나가다)	出る	出よう
마시다	飲む	飲もう	그만두다, 끊다	やめる	やめよう
쉬다	休む	休もう	걸다	かける	かけよう
놀다	遊ぶ	遊ぼう	오다	来る	来よう
부르다	呼ぶ	呼ぼう	하다	する	しよう

05 기본체 + そうです　~(이)라고 합니다

天気予報に よると 明日は 台風が 来るそうです。

田中さんは 風邪を ひいたそうです。

鈴木さんは 中国へ 行かないそうです。

06 い형용사 い + そうです　~인 것 같습니다, ~해 보입니다

中山さんの 会社は とても 忙しそうです。

この スーツは 高そうですね。

おいしそうですね。 食べて みても いいですか。

07 ~に する　~(으)로 하다

お土産は ハンカチに します。

メニューは すしと うどんに します。

場所は どこに しましょうか。

WORD

- **天気予報**(てんきよほう) 일기예보
- **台風**(たいふう)**が 来**(く)**る** 태풍이 오다
- **風邪**(かぜ)**を ひく** 감기에 걸리다
- **スーツ**(suit) 정장, 슈트
- **お土産**(みやげ) 기념품, 선물
- **ハンカチ**(handkerchief) 손수건
- **メニュー**(menu) 메뉴
- **場所**(ばしょ) 장소

話してみましょう

그림을 보고 예와 같이 말해 보세요.

1

예

いい 会社に 入る

A：大学を 卒業してから 何を しますか。

B：<u>いい 会社に 入ろうと 思います。</u>

1

さしみを 食べる

A：今晩 家族と 何を 食べますか。

2

海へ 遊びに 行く

A：夏休みに どこへ 行きますか。

3

一生懸命 試験の 勉強を する

A：週末は 何を しますか。

WORD

- 卒業(そつ ぎょう) 졸업
- 一生懸命(いっ しょう けん めい) 열심히
- 試験(し けん) 시험

2

예

そばセット

A : メニューは 何(なに)に しますか。

B : そばセットに します。

1

マフラー

A : お土産(みやげ)は 何(なに)に しますか。

2

北海道(ほっかいどう)

A : 場所(ばしょ)は どこに しますか。

3

金曜日(きんようび)

A : 発表会(はっぴょうかい)は いつに しましょうか。

WORD

- そばセット 소바 세트
- マフラー(muffler) 머플러
- 北海道(ほっ かい どう) 홋카이도
- 発表会(はっ ぴょう かい) 발표회

読んでみましょう

읽어 봅시다

1 다음 내용을 큰 소리로 천천히 읽어 보세요.

Track 09

7月1日(しちがつついたち) 月曜日(げつようび)。/ 今週(こんしゅう)の 天気(てんき)です。/

先週(せんしゅう)の 金曜日(きんようび)から / 強(つよ)い 雨(あめ)と 風(かぜ)が 続(つづ)いて いますが、/

明日(あす)の 夕方(ゆうがた)から 弱(よわ)く なりそうです。/

水曜日(すいようび)は 午前中(ごぜんちゅう) 曇(くも)りですが、/ 午後(ごご)からは 晴(は)れそうです。/

木曜日(もくようび)の 夜(よる)からは 雨(あめ)が 降(ふ)りはじめて、/ 日曜日(にちようび)まで 続(つづ)くでしょう。/

2 다음 내용을 자신있게 읽어 보세요.

Track 10

7月1日 月曜日。今週の天気です。

先週の金曜日から強い雨と風が続いていますが、

明日の夕方から弱くなりそうです。

水曜日は午前中曇りですが、午後からは晴れそうです。

木曜日の夜からは雨が降りはじめて、日曜日まで続くでしょう。

WORD

- 今週(こん しゅう) 이번 주
- 先週(せん しゅう) 지난주
- 強(つよ)い 강하다, 세다
- 風(かぜ) 바람
- 続(つづ)く 계속되다
- 明日(あす) 내일(방송, 일기예보에서 자주 쓰임)
- 夕方(ゆう がた) 해 질 무렵, 저녁 무렵
- 午前中(ご ぜん ちゅう) 오전 내내
- 曇(くも)り 흐림
- 晴(は)れる 개다, 맑다
- 降(ふ)りはじめる 내리기 시작하다

書いてみましょう

써 봅시다

다음 예와 같이 일본어로 써 보세요.

1

예

雨(あめ)が 降(ふ)る

① ニュースに よると 雨(あめ)が 降(ふ)るそうです。

② 今(いま)にも 雨(あめ)が 降(ふ)りそうです。

1

高(たか)い

① この マフラーは とても ________________。

② この マフラー、 とても ________________。

2

簡単(かんたん)だ

① 今度(こんど)の 試験(しけん)は ________________。

② 今度(こんど)の 試験(しけん)は ________________。

3

性格(せいかく)が いい

① 青木(あおき)さんは 性格(せいかく)が ________________。

② 青木(あおき)さんは 性格(せいかく)が ________________。

WORD

- マフラー(muffler) 머플러
- 今度(こんど) 이번
- 性格(せいかく) 성격

書いてみましょう

2

예

新(あたら)しい パソコンを 買(か)う

① 新(あたら)しいパソコンを買(か)おう。

② 新(あたら)しいパソコンを買(か)おうと思(おも)います。

1

7時(しちじ)に 友達(ともだち)に 会(あ)う

① ______________________。

② ______________________。

2

今日(きょう)は 焼(や)き肉(にく)を 食(た)べる

① ______________________。

② ______________________。

3

中国(ちゅうごく)へ 行(い)って 来(く)る

① ______________________。

② ______________________。

WORD

- パソコン(personal+computer) 컴퓨터
- 焼(や)き肉(にく) (일본식) 불고기

＊ 표현 PLUS ＊ 天気予報(てんきよほう) 일기예보

雨(あめ)

비

雪(ゆき)

눈

風(かぜ)

바람

台風(たいふう)

태풍

嵐(あらし)

폭풍

曇(くも)り

흐림

晴(は)れ

맑음

夕立(ゆうだち)

소나기

梅雨(つゆ)

장마

聞いてみましょう

들어 봅시다

A 잘 듣고 밑줄 친 부분에 써 보세요.

Track 11

1 天気予報(てんきよほう)に よると 明日(あした)は 雨(あめ)が ＿＿＿＿＿＿＿＿。

2 この 料理(りょうり)、＿＿＿＿＿＿＿＿ ですね。

3 今(いま) お土産(みやげ)を 買(か)いに ＿＿＿＿＿＿＿＿ と 思(おも)います。

B 그림을 보고 내용과 알맞은 번호를 고르세요.

1

정답 ① ② ③

2

정답 ① ② ③

漢字・カタカナ練習

한자・가타카나 연습

한 자 다음 한자를 읽고 따라 써 보세요.

報 알릴 **보**	天気予報 てんきよほう 일기예보	天気予報 てんきよほう	

보기 報告(ほうこく) 보고, 続報(ぞくほう) 속보

風 바람 **풍**	台風 たいふう 태풍	台風 たいふう	

보기 風船(ふうせん) 풍선, 風紀(ふうき) 풍기

世 세상 **세**	世界 せかい 세계	世界 せかい	

보기 世代(せだい) 세대, 世間(せけん) 세간, 세상

가타카나 다음 가타카나를 읽고 따라 써 보세요.

スーツ suit 정장, 슈트	スーツ	スーツ	

マフラー muffler 머플러	マフラー	マフラー	

Track 12

다음의 『会話(かいわ)/회화』 스크립트를 보면서 복습해 보세요.

3과 列車(れっしゃ)に 乗(の)れないかもしれない。

열차를 못 탈지도 몰라.

Track 13

필수 문장 익히기

なんで 海(うみ)へ 遊(あそ)びに 行(い)かないんですか。 왜 바다에 놀러 안 가요?

実(じつ)は 私(わたし)、泳(およ)げないんですよ。 실은 저, 수영 못 하거든요.

KEY WORD

 交通事故(こうつうじこ) 교통사고	 列車(れっしゃ) 열차	 到着(とうちゃく) 도착
 故障(こしょう) 고장	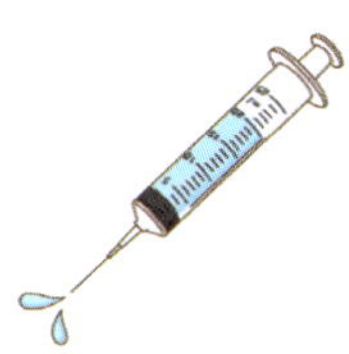 注射(ちゅうしゃ) 주사	 入院(にゅういん) 입원
 パスタ 파스타	 ワンピース 원피스	 セール 세일

会話

하루카와 준이 기차역에서 야다 씨를 기다리며 이야기하고 있습니다.

WORD

- さっき 아까, 조금 전
- 到着(とうちゃく) 도착
- 出発(しゅっぱつ) 출발
- いつも 항상
- ぎりぎり 빠듯함
- 交通事故(こうつうじこ) 교통사고
- 道(みち)が 込(こ)む 길이 막히다
- ～んだって ～한대, ～(이)라던데?
- この間(あいだ) 얼마전, 지난번
- 遅(おく)れる 늦다, 지각하다
- ～じゃん ～잖아(「じゃないですか」의 반말 회화체)
- 信(しん)じられない 믿을 수 없다
- 列車(れっしゃ)に 乗(の)れない 열차를 못 타다
- ～かも しれない ～일지도 모른다
- ホーム(platform) '플랫폼'의 줄임말
- 走(はし)る 달리다, 뛰다(예외 1그룹 동사)
- ～なきゃ ～하지 않으면 안 돼

Track 14

春香(はるか) 矢田(やだ)さん、まだ 来(こ)ないね。

準(じゅん) さっき 電話(でんわ)が あったんだけど、8時(はちじ) 55分(ごじゅうごふん)に 到着(とうちゃく)するんだって。

春香(はるか) え～？ 出発(しゅっぱつ)は 9時(くじ)なのに 矢田(やだ)さんは いつも ぎりぎり。

準(じゅん) でも、今(いま)は 交通事故(こうつうじこ)で 道(みち)が 込(こ)んで いるんだって。

春香(はるか) え～、また？この 間(あいだ)も 交通事故(こうつうじこ)で 遅(おく)れたじゃん。
信(しん)じられない！

準(じゅん) 55分(ごじゅうごふん)に 着(つ)いても 列車(れっしゃ)に 乗(の)れないかも しれないよ。
ホームまで 走(はし)らなきゃ。

Tip

이번 과에서는 앞에서 배운 **ない**형과 **そうだ** 용법, 의지형을 응용하여 실전에서 자주 쓰이는 가능 부정형 반말체 표현과 「～んです」를 비롯한 회화체 표현들을 학습하고 정리하게 됩니다. 다음과 같이 반말체와 정중체의 문법 형태를 잘 기억해 두고 실전에서 사용하도록 합시다.

예 行(い)く － 行(い)ける － 行(い)けるんです（＝ 行(い)けます）
行(い)く － 行(い)けない － 行(い)けないんです（＝ 行(い)けません）

文法まとめ

01 동사의 가능 부정형

1그룹 동사 (5단동사)	u단 → e단 + る(가능형) → (가능형) る + ない (ない형 2그룹 활용)	예 買(か)う → 買(か)える → 買(か)えない 飲(の)む → 飲(の)める → 飲(の)めない 行(い)く → 行(い)ける → 行(い)けない 泳(およ)ぐ → 泳(およ)げる → 泳(およ)げない ★ 帰(かえ)る → 帰(かえ)れる → 帰(かえ)れない
2그룹 동사 (상1단동사 · 하1단동사)	る + られる(가능형) → (가능형) る + ない (ない형 2그룹 활용)	예 見(み)る → 見(み)られる → 見(み)られない 食(た)べる → 食(た)べられる → 食(た)べられない 覚(おぼ)える → 覚(おぼ)えられる → 覚(おぼ)えられない
3그룹 동사 (カ행 변격동사 · サ행 변격동사)	来(く)る → 来(こ)られる(가능형) → (가능형) る +ない = こられない する → できる(가능형) → (가능형) る +ない = できない	예 来(く)る → 来(こ)られる → 来(こ)られない 勉強(べんきょう)する → 勉強(べんきょう)できる → 勉強(べんきょう)できない 運転(うんてん)する → 運転(うんてん)できる → 運転(うんてん)できない

この 電話(でんわ)は 故障(こしょう)して 使(つか)えない。

辛(から)い 料理(りょうり)は よく 食(た)べられない。

田中(たなか)さんは 韓国語(かんこくご)が 全然(ぜんぜん) できないです(= できません)。

WORD

- 故障(こしょう) 고장
- 使(つか)う 사용하다
- 辛(から)い 맵다

02 가능 부정형의 활용 연습

의미	동사	가능 부정형	의미	동사	가능 부정형
사다	買(か)う		쓰다	書(か)く	
만나다	会(あ)う		듣다, 묻다	聞(き)く	
노래하다	歌(うた)う		걷다	歩(ある)く	
사용하다	使(つか)う		일하다	働(はたら)く	
피우다, 빨다	吸(す)う		헤엄치다	泳(およ)ぐ	
기다리다	待(ま)つ		가다	行(い)く	
들다, 갖다	持(も)つ		이야기하다	話(はな)す	
타다	乗(の)る		보다	見(み)る	
찍다	撮(と)る		먹다	食(た)べる	
만들다	作(つく)る		일어나다	起(お)きる	
보내다	送(おく)る		자다	寝(ね)る	
돌아오다 (돌아가다)	帰(かえ)る		가르치다	教(おし)える	
죽다	死(し)ぬ		외우다, 기억하다	覚(おぼ)える	
읽다	読(よ)む		나오다 (나가다)	出(で)る	
마시다	飲(の)む		그만두다, 끊다	やめる	
쉬다	休(やす)む		걸다	かける	
놀다	遊(あそ)ぶ		오다	来(く)る	
부르다	呼(よ)ぶ		하다	する	

文法まとめ

〈가능 부정형의 활용 연습 정답〉

의미	동사	가능 부정형	의미	동사	가능 부정형
사다	買う	買えない	쓰다	書く	書けない
만나다	会う	会えない	듣다, 묻다	聞く	聞けない
노래하다	歌う	歌えない	걷다	歩く	歩けない
사용하다	使う	使えない	일하다	働く	働けない
피우다, 빨다	吸う	吸えない	헤엄치다	泳ぐ	泳げない
기다리다	待つ	待てない	가다	行く	行けない
들다, 갖다	持つ	持てない	이야기하다	話す	話せない
타다	乗る	乗れない	보다	見る	見られない
찍다	撮る	撮れない	먹다	食べる	食べられない
만들다	作る	作れない	일어나다	起きる	起きられない
보내다	送る	送れない	자다	寝る	寝られない
돌아오다 (돌아가다)	帰る	帰れない	가르치다	教える	教えられない
죽다	死ぬ	死ねない	외우다, 기억하다	覚える	覚えられない
읽다	読む	読めない	나오다 (나가다)	出る	出られない
마시다	飲む	飲めない	그만두다, 끊다	やめる	やめられない
쉬다	休む	休めない	걸다	かける	かけられない
놀다	遊ぶ	遊べない	오다	来る	来られない
부르다	呼ぶ	呼べない	하다	する	できない

03 ~んだって / ~なんだって ~한대, ~(이)라던데?

명사	명사 + なんだって	예 明日(あした)は 休(やす)みなんだって。 내일은 휴일이래.
い형용사	~い + んだって	예 あの 店(みせ)、おいしいんだって。 저 가게 맛있대.
な형용사	だ + なんだって	예 あの 歌手(かしゅ)は 日本(にほん)で 有名(ゆうめい)なんだって。 저 가수는 일본에서 유명하대.
동사	기본체 + んだって	예 優香(ゆうか)さんは 来月(らいげつ) 結婚(けっこん)するんだって。 유카 씨는 다음 달에 결혼한대.

Tip 「~(な)んだって」는 앞에서 배운 전문의 「そうだ」의 반말 회화체 표현입니다. 표에 나온 '기본체'라는 말은 기본형 뿐만 아니라 부정형, 과거형, 과거 부정형 등 여러 가지로 활용된다는 것을 뜻합니다. 표에 나온 동사뿐만 아니라 명사, 형용사에도 적용된다는 점도 알아두세요.

明日(あした)は 美喜(みき)さんの 卒業式(そつぎょうしき)なんだって。

この ワンピースは あまり 高(たか)く ないんだって。

鈴木(すずき)さんは 注射(ちゅうしゃ)が 大嫌(だいきら)いなんだって。

木村(きむら)さんは 風邪(かぜ)を ひいて 今日(きょう) 来(こ)られないんだって。

WORD

- 卒業式(そつ ぎょう しき) 졸업식
- ワンピース(onepiece) 원피스
- 注射(ちゅう しゃ) 주사
- 大嫌(だい きら)い 매우 싫어함
- 風邪(かぜ)を ひく 감기에 걸리다

文法まとめ

04 ～なきゃ　～해야 해, ～하지 않으면 안 돼

午後(ごご) 2時(にじ)から 授業(じゅぎょう)だよ。 急(いそ)がなきゃ。

この 部屋(へや) きたないな。 掃除(そうじ)しなきゃ。

朝(あさ) 8時(はちじ)から 会議(かいぎ)だから、 早(はや)く 起(お)きなきゃ。

「～なきゃ(～하지 않으면 안 돼)」는 「～なければ なりません(～하지 않으면 안 됩니다)」의 반말 회화체 표현으로 「～ないと」, 「～なくちゃ」 등의 표현으로도 바꿔 쓸 수 있습니다.

예 行(い)かなければ なりません。 가지 않으면 안 됩니다.

→ 行(い)かなきゃ = 行(い)かないと = 行(い)かなくちゃ　가지 않으면 안 된다, 가야 한다

WORD

- 授業(じゅぎょう) 수업
- きたない 지저분하다, 더럽다
- 会議(かいぎ) 회의
- 急(いそ)ぐ 서두르다
- 掃除(そうじ) 청소

05 「~んです / ~なんです」의 시제별 활용 정리

		현재형 ~는데요	부정형 ~지 않은데요	과거형 ~이었는데요	과거 부정형 ~지 않았는데요
명사	休み 휴일	休みなんです	休みじゃないんです	休みだったんです	休みじゃなかったんです
	友達 친구	友達なんです	友達じゃないんです	友達だったんです	友達じゃなかったんです
	結婚式 결혼식	結婚式なんです	結婚式じゃないんです	結婚式だったんです	結婚式じゃなかったんです
い형용사	おいしい 맛있다	おいしいんです	おいしく ないんです	おいしかったんです	おいしく なかったんです
	難しい 어렵다	難しいんです	難しく ないんです	難しかったんです	難しく なかったんです
	いい 좋다	いいんです	よく ないんです	よかったんです	よく なかったんです
な형용사	有名だ 유명하다	有名なんです	有名じゃないんです	有名だったんです	有名じゃなかったんです
	便利だ 편리하다	便利なんです	便利じゃないんです	便利だったんです	便利じゃなかったんです
	きれいだ 예쁘다	きれいなんです	きれいじゃないんです	きれいだったんです	きれいじゃなかったんです
동사	行く 가다	行くんです	行かないんです	行ったんです	行かなかったんです
	見る 보다	見るんです	見ないんです	見たんです	見なかったんです
	する 하다	するんです	しないんです	したんです	しなかったんです

文法まとめ

〈정리해 봅시다〉

기본형	가능형 (반말체) / 가능 부정형 (반말체)	～んです (회화체) / ～んです 부정형 (회화체)	가능형 (정중체) / 가능 부정형 (정중체)
会う 만나다	会える	会えるんです	会えます
	会えない	会えないんです	会えません
行く 가다	行ける	行けるんです	行けます
	行けない	行けないんです	行けません
飲む 마시다	飲める	飲めるんです	飲めます
	飲めない	飲めないんです	飲めません
見る 보다	見られる	見られるんです	見られます
	見られない	見られないんです	見られません
食べる 먹다	食べられる	食べられるんです	食べられます
	食べられない	食べられないんです	食べられません
来る 오다	来られる	来られるんです	来られます
	来られない	来られないんです	来られません
する 하다	できる	できるんです	できます
	できない	できないんです	できません

* 표현 PLUS * 星座(せいざ) 별자리

 みずがめ座(ざ) 물병자리	 うお座(ざ) 물고기자리	 おひつじ座(ざ) 양자리
 おうし座(ざ) 황소자리	 ふたご座(ざ) 쌍둥이자리	 かに座(ざ) 게자리
 しし座(ざ) 사자자리	 おとめ座(ざ) 처녀자리	 てんびん座(ざ) 천칭자리
 さそり座(ざ) 전갈자리	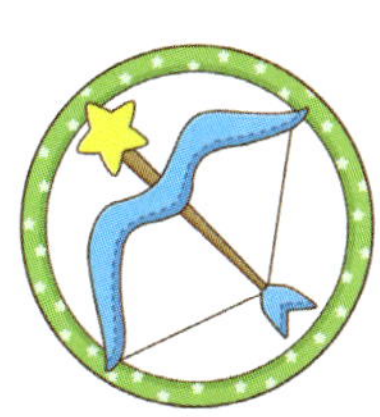 いて座(ざ) 궁수자리	 やぎ座(ざ) 염소자리

話してみましょう

그림을 보고 예와 같이 말해 보세요.

1

예

話す

A : 英語が 話せる?… (1)
英語が 話せますか。… (2)

B : うん、話せるよ。/ いや、話せないよ。… (1)
はい、話せます。/ いいえ、話せないです。… (2)

1

作る

A : パスタが 作れる?
パスタが 作れますか。

2

好きだと 告白する

A : 好きな 人に 告白できる?
好きな 人に 告白できますか。

3

やめる

A : たばこが やめられる?
たばこが やめられますか。

WORD

- うん 응
- いや 아니
- パスタ(pasta) 파스타
- 作(つく)る 만들다
- 告白(こくはく) 고백
- たばこを やめる 담배를 끊다

2

예

私(わたし)も 買(か)う

A : この かばん、Kデパートで セールして いるんだって。

B : え〜、ほんとう? 私(わたし)も 買(か)わなきゃ。

1

一時間(いちじかん)ぐらい 待(ま)つ

A : 会議(かいぎ)は 4時(よじ)に 終(お)わるんだって。

2

急(いそ)ぐ

A : 列車(れっしゃ)は 10時(じゅうじ)に 出発(しゅっぱつ)するんだって。

3

私(わたし)も ダイエットする

A : リンさんは ダイエットして 10キロ やせたんだって。

WORD

- セール(sale) 세일
- 列車(れっしゃ) 열차
- 急(いそ)ぐ 서두르다
- ダイエット(diet) 다이어트
- 10キロ やせる 10킬로그램 (살이) 빠지다

読んでみましょう

읽어 봅시다

1 다음 내용을 큰 소리로 천천히 읽어 보세요.

Track 15

先週(せんしゅう)の 土曜日(どようび)に / 吉田(よしだ)さんが 交通事故(こうつうじこ)で、/ 入院(にゅういん)したそうだ。/

それで、今日(きょう) 仕事(しごと)が 終(お)わってから / お見舞(みま)いに 行(い)った。/

佐藤(さとう)さんは 出張中(しゅっちょうちゅう)なので、/ 残念(ざんねん)ながら 行(い)けなかった。/

ベッドの 上(うえ)の 吉田(よしだ)さんは、/ 思(おも)ったより 元気(げんき)そうだった。/

でも、事故(じこ)は いつでも 起(お)こる。/ 私(わたし)も 気(き)を つけようと 思(おも)った。/

2 다음 내용을 자신있게 읽어 보세요.

Track 16

先週の土曜日に吉田さんが交通事故で、入院したそうだ。
それで、今日仕事が終わってからお見舞いに行った 。
佐藤さんは出張中なので、残念ながら行けなかった。
ベッドの上の吉田さんは、思ったより元気そうだった。
でも、事故はいつでも起こる。私も気をつけようと思った。

WORD

- 交通事故(こう つう じ こ) 교통사고
- 入院(にゅう いん) 입원
- お見舞(み ま)い 문병
- 出張中(しゅっ ちょう ちゅう) 출장 중
- 残念(ざん ねん)ながら 유감스럽게도
- 思(おも)ったより 생각보다
- でも 그러나, 하지만
- いつでも 언제든지
- 気(き)を つける 주의하다

書いてみましょう

써 봅시다

다음 예와 같이 일본어로 써 보세요.

예

ピアノを 弾(ひ)く

① ピアノが 弾(ひ)ける。
② ピアノが 弾(ひ)けるんです。
③ ピアノが 弾(ひ)けない。
④ ピアノが 弾(ひ)けないんです。

1

自転車(じてんしゃ)に 乗(の)る

① ＿＿＿＿＿＿＿＿＿＿＿＿＿＿＿＿。
② ＿＿＿＿＿＿＿＿＿＿＿＿＿＿＿＿。
③ ＿＿＿＿＿＿＿＿＿＿＿＿＿＿＿＿。
④ ＿＿＿＿＿＿＿＿＿＿＿＿＿＿＿＿。

2

早(はや)く 起(お)きる

① ＿＿＿＿＿＿＿＿＿＿＿＿＿＿＿＿。
② ＿＿＿＿＿＿＿＿＿＿＿＿＿＿＿＿。
③ ＿＿＿＿＿＿＿＿＿＿＿＿＿＿＿＿。
④ ＿＿＿＿＿＿＿＿＿＿＿＿＿＿＿＿。

3

水泳(すいえい)を する

① ＿＿＿＿＿＿＿＿＿＿＿＿＿＿＿＿。
② ＿＿＿＿＿＿＿＿＿＿＿＿＿＿＿＿。
③ ＿＿＿＿＿＿＿＿＿＿＿＿＿＿＿＿。
④ ＿＿＿＿＿＿＿＿＿＿＿＿＿＿＿＿。

WORD

- ピアノ(piano) 피아노
- 自転車(じてんしゃ) 자전거
- 水泳(すいえい) 수영

聞いてみましょう

들어 봅시다

A 잘 듣고 밑줄 친 부분에 써 보세요.

Track 17

1. ひらがなは 読(よ)めますが、カタカナは ＿＿＿＿＿＿＿＿ んです。

2. 実(じつ)は 私(わたし)、運転(うんてん) ＿＿＿＿＿＿＿＿＿＿。

3. 日曜日(にちようび)に 森先生(もりせんせい)が 結婚(けっこん)する ＿＿＿＿＿＿＿＿。

B 그림을 보고 내용과 알맞은 번호를 고르세요.

1

정답　①　②　③

2

정답　①　②　③

한 자

다음 한자를 읽고 따라 써 보세요.

故
연고 **고**

事故
じ こ
사고

事故
じ こ

보기 **故**障(こしょう) 고장, **故**人(こじん) 고인

注
부을 **주**

注射
ちゅう しゃ
주사

注射
ちゅう しゃ

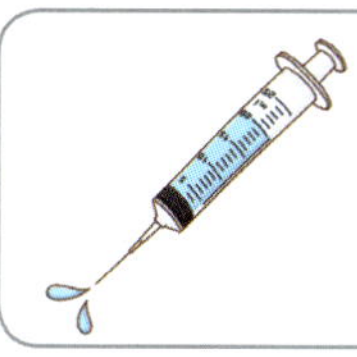

보기 **注**文(ちゅうもん) 주문, **注**意(ちゅうい) 주의

入
들 **입**

入院
にゅう いん
입원

入院
にゅう いん

보기 **入**社(にゅうしゃ) 입사, 記**入**(きにゅう) 기입

가타카나

다음 가타카나를 읽고 따라 써 보세요.

セール
sale 세일

セール

セール

ワンピース
onepiece 원피스

ワンピース

ワンピース

Track 18

다음의『会話(かいわ)/회화』스크립트를 보면서 복습해 보세요.

4과 けっこう人気(にんき)があるようですね。

꽤 인기가 있는 것 같아요.

Track 19

필수 문장 익히기

あの 歌手(かしゅ)は けっこう 人気(にんき)が あるようですね。
저 가수는 꽤 인기가 있는 것 같아요.

はい、中国(ちゅうごく)でも 有名(ゆうめい)らしいです。
네, 중국에서도 유명한 것 같아요.

KEY WORD

 夢(ゆめ) 꿈	 天使(てんし) 천사	 皿(さら) 접시
 感動(かんどう) 감동	 火事(かじ) 화재	 練習(れんしゅう) 연습
 ヨガ 요가	 モデル 모델	 ヨーロッパ 유럽

会話

세민이와 유키가 에비스에 놀러왔습니다.

WORD

- まるで 마치
- ヨーロッパ(Europe) 유럽
- 〜みたい 〜같다
- 観光客(かんこうきゃく) 관광객
- けっこう 꽤, 제법
- 人気(にんき) 인기
- 〜ようだ 〜인 것 같다
- ビール(beer) 맥주
- 昔(むかし) 옛날
- 工場(こうじょう) 공장
- 一杯(いっぱい) 한 잔
- 昼(ひる) 점심, 낮
- 〜じゃないですか 〜잖아요, 〜아니에요?
- 夜(よる) 저녁
- 〜ことに する 〜하기로 하다
- 〜だけ 〜만, 〜뿐

Track 20

キム うわ〜。まるで ヨーロッパみたいですね。

山下(やました) そうですね。観光客(かんこうきゃく)にも けっこう 人気(にんき)が あるようです。

キム ここ、恵比寿(えびす)は ビールも 有名(ゆうめい)らしいですね。

山下(やました) はい。昔(むかし)、ここに ビール工場(こうじょう)が あったそうです。

キム じゃ、今(いま)から 一杯(いっぱい) どうですか。

山下(やました) え〜、まだ 昼(ひる)ですよ。

キム 一杯(いっぱい)ぐらい いいじゃないですか。

山下(やました) それは そうですけど、夜(よる)も 友達(ともだち)と お酒(さけ)を 飲(の)む ことにしたんです。

キム え〜、そうなんですか。じゃ、一杯(いっぱい)だけ。本当(ほんとう)に 一杯(いっぱい)だけ 飲(の)みましょう。

Tip 「一杯(いっぱい)」라는 단어는 '한 잔'이라는 뜻과 '가득'이라는 뜻이 있는데, 앞부분에 악센트를 주면 '한 잔', 뒷부분에 악센트를 주면 '가득'이라는 뜻이 됩니다.

文法まとめ

01 ようだ 용법 I

	ようだ	みたいだ(회화체)
명사	명사 + の + ようだ	명사 + みたいだ
い형용사	~い + ようだ	~い + みたいだ
な형용사	だ → な + ようだ	だ + みたいだ
동사	기본체 + ようだ	기본체 + みたいだ

A. 비유 (마치 ~같다) → **(まるで) ~ようだ, ~みたいだ**

森先生(もりせんせい)は まるで 天使(てんし)の ようです(= 天使(てんし)みたいです)。

まるで 夢(ゆめ)の ようです(= 夢(ゆめ)みたいです)。

キムさんの 妹(いもうと)さんは まるで モデルの ようです(= モデルみたいです)。

B. 추측 (불확실한 정보나 근거에 의한 주관적인 추측)

明日(あした)は 雨(あめ)が 降(ふ)るようです(= 雨(あめ)が 降(ふ)るみたいです)。

会社(かいしゃ)の 前(まえ)で 火事(かじ)が あったようです(= 火事(かじ)が あったみたいです)。

木村(きむら)さんは 感動的(かんどうてき)な 映画(えいが)が 好(す)きなようです(= 好(す)きみたいです)。

02 ようだ 용법 II

~ようだ	~같다	예 人形(にんぎょう)の ようだ 인형 같다
~ような + 명사	~같은 + 명사	예 人形(にんぎょう)の ような 子供(こども) 인형 같은 아이
~ように	~같이, ~처럼	예 人形(にんぎょう)の ように 인형 같이, 인형처럼

03 らしい 용법(~らしい, ~らしく, ~らしくて)

	らしい
명사	명사 + らしい
い형용사	~い + らしい
な형용사	だ + らしい
동사	기본체 + らしい

A. 추측 (들은 말을 바탕으로 한 불확실한 전문에 의한 추측)

橋本(はしもと)さんは 大学(だいがく)で 働(はたら)いて いるらしいです。

新婚旅行(しんこんりょこう)は ヨーロッパに 行(い)くらしいです。

明日(あした)は 台風(たいふう)が 来(く)るらしいです。

B. ~답다 (명사 접속)

私(わたし)は 男(おとこ)らしい 人(ひと)が 好(す)きです。

それは 学生(がくせい)らしく ない 行動(こうどう)です。

WORD

- まるで 마치
- 天使(てん し) 천사
- 夢(ゆめ) 꿈
- 火事(か じ) 화재
- 感動的(かん どう てき) 감동적
- 働(はたら)く 일하다
- 新婚旅行(しん こん りょ こう) 신혼여행
- ヨーロッパ(Europe) 유럽
- 台風(たい ふう) 태풍
- 男(おとこ)らしい 남자답다
- 行動(こう どう) 행동

文法まとめ

04 동사 + ことに する　~하기로 하다

今日(きょう)から ヨガを 習(なら)う ことに しました。

来月(らいげつ) 引(ひ)っ越(こ)す ことに しました。

私(わたし)は 留学(りゅうがく)に 行(い)かない ことに したんです。

	의미	예문
~ことに する	~하기로 하다 (자신의 결심, 의지, 습관 등)	留学(りゅうがく)する ことに しました。 留学(りゅうがく)しない ことに しました。
~ことに なる	~하게 되다 (사회, 조직 등의 결정, 규칙 등)	留学(りゅうがく)する ことに なりました。 留学(りゅうがく)しない ことに なりました。

WORD

- ヨガ(yoga) 요가
- 引(ひ)っ越(こ)す 이사하다
- 来月(らい げつ) 다음 달
- 留学(りゅう がく) 유학

「そうだ ・ ようだ ・ らしい」의 접속 총정리

	명사	い형용사	な형용사	동사
そうだ (전문)	명사 だ + そうだ	～い + そうだ	～だ + そうだ	기본체 + そうだ
そうだ (추측)	×	い + そうだ	だ + そうだ	ます형 + そうだ
ようだ	명사 + の + ようだ	～い + ようだ	だ → な + ようだ	기본체 + ようだ
みたいだ (ようだ의 회화체)	명사 + みたいだ	～い + みたいだ	だ + みたいだ	기본체 + みたいだ
らしい	명사 + らしい	～い + らしい	だ + らしい	기본체 + らしい

Tip

명사의 추측, 양태 표현은 「そうだ」 대신 「ようだ」를 사용한다는 점을 기억해 두세요.

예 イさんは 日本人(にほんじん)そうだ。 (×)

イさんは 日本人(にほんじん)のようだ。(○)

話してみましょう

그림을 보고 예와 같이 말해 보세요.

1

예

花

この 皿は まるで 花の ようですね。

この 皿は まるで 花みたいですね。

1

モデル

カンさんは ________________________。

カンさんは ________________________。

2

おもちゃ

この 車は ________________________。

この 車は ________________________。

3

鉛筆

この 消しゴムは ________________________。

この 消しゴムは ________________________。

WORD

- 皿(さら) 접시
- モデル(model) 모델
- おもちゃ 장난감
- 消(け)しゴム 지우개

2

예

フランスに 行(い)く

A : 留学(りゅうがく)は どこに 行(い)く ことに しましたか。…(1)

留学(りゅうがく)は どこに 行(い)く ことに なりましたか。…(2)

B : フランスに 行(い)く ことに したんです。…(1)

フランスに 行(い)く ことに なったんです。…(2)

Tip 「ことに する」 또는 「ことに なる」를 활용하여 질문에 맞게 답해 보세요.

1

上野(うえの)に 引(ひ)っ越(こ)す

A : どこに 引(ひ)っ越(こ)す ことに しましたか。

2

来月(らいげつ)は 行(い)かない

A : 旅行(りょこう)は どう なりましたか。

3

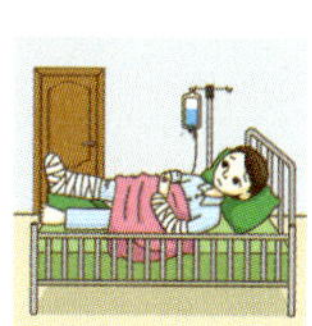

事故(じこ)で 入院(にゅういん)する

A : 昨日(きのう)の ドラマで 主人公(しゅじんこう)は どう なりましたか。

WORD

- 引(ひ)っ越(こ)す 이사하다
- 入院(にゅう いん) 입원
- 主人公(しゅ じん こう) 주인공
- 事故(じ こ) 사고
- ドラマ(drama) 드라마

読んでみましょう

읽어 봅시다

1 다음 내용을 큰 소리로 천천히 읽어 보세요.

Track 21

上田先輩(うえだせんぱい)は うちの 学校(がっこう)で 一番(いちばん)の 人気者(にんきもの)だ。/
先輩(せんぱい)は 歌手(かしゅ)の ように 歌(うた)も 上手(じょうず)だし、/ 成績(せいせき)も いいし、/
男(おとこ)らしいから / 私(わたし)は 先輩(せんぱい)の ことが 大好(だいす)きだ。/
でも、うちの クラスの 利恵(りえ)ちゃんも / 先輩(せんぱい)に 気(き)が あるようだ。/
二人(ふたり)は 明日(あした) 映画(えいが)を 見(み)る ことに したらしい。/ あ～、どう しよう。/

2 다음 내용을 자신있게 읽어 보세요.

Track 22

上田先輩はうちの学校で一番の人気者だ。
先輩は歌手のように歌も上手だし、成績もいいし、
男らしいから私は先輩のことが大好きだ。
でも、うちのクラスの利恵ちゃんも先輩に気があるようだ。
二人は明日映画を見ることにしたらしい。あ～、どうしよう。

WORD

- うち 우리
- 先輩(せんぱい) 선배
- 人気者(にんきもの) 인기인, 인기가 많은 사람
- ～の ように ～와 같이, ～처럼
- 成績(せいせき) 성적
- 男(おとこ)らしい 남자답다
- ～ちゃん ～양(～さん보다 친밀도를 나타내는 호칭)
- 気(き)が ある 마음이 있다
- どう しよう 어떡해, 어떻게 하지?

書いてみましょう

써 봅시다

다음 예와 같이 일본어로 써 보세요.

예

歌手(かしゅ)

恵美(めぐみ)さんは 歌手(かしゅ)の ようです。

恵美(めぐみ)さんは 歌手(かしゅ)らしいです。

1

花屋(はなや)が ない

この 近(ちか)くには ____________________。

この 近(ちか)くには ____________________。

2

サッカーが 上手(じょうず)だ

小島(こじま)さんは ____________________。

小島(こじま)さんは ____________________。

3

練習(れんしゅう)して いる

健太君(けんたくん)は 毎日(まいにち) ____________________。

健太君(けんたくん)は 毎日(まいにち) ____________________。

WORD

- 練習(れんしゅう) 연습
- ～君(くん) ~군

A 잘 듣고 밑줄 친 부분에 써 보세요.

Track 23

1 明日(あした)は 雨(あめ)が 降(ふ)る ＿＿＿＿＿＿＿＿。

2 この 店(みせ)は ＿＿＿＿＿＿＿＿＿＿よ。
いつも 人(ひと)が たくさん いるから。

3 僕(ぼく)は 優(やさ)しくて ＿＿＿＿＿＿＿＿タイプが 好(す)きです。

B 그림을 보고 내용과 알맞은 번호를 고르세요.

1

①
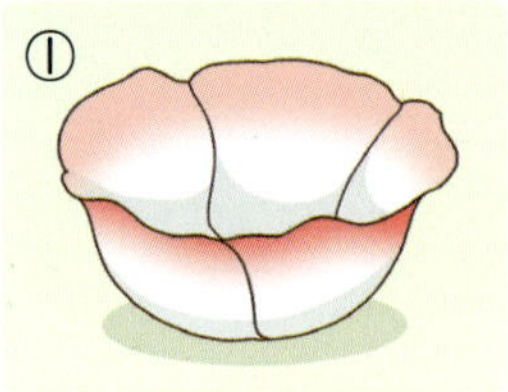

②

③
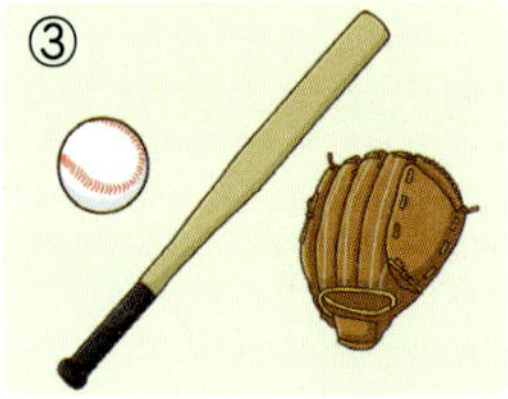

정답	① ② ③

2

①

②

③

정답	① ② ③

漢字・カタカナ練習

한 자 다음 한자를 읽고 따라 써 보세요.

使 하여금 **사**

天使 てんし 천사 — 天使 てんし

보기 使用(しよう) 사용, 使役(しえき) 사역

感 느낄 **감**

感動 かんどう 감동 — 感動 かんどう

보기 感心(かんしん) 감탄, 共感(きょうかん) 공감

習 익힐 **습**

練習 れんしゅう 연습 — 練習 れんしゅう

보기 予習(よしゅう) 예습, 復習(ふくしゅう) 복습

가타카나 다음 가타카나를 읽고 따라 써 보세요.

ヨーロッパ Europe **유럽** — ヨーロッパ — ヨーロッパ

モデル model **모델** — モデル — モデル

会話復習

회화 복습

Track 24

다음의 『会話(かいわ)/회화』 스크립트를 보면서 복습해 보세요.

5과 宝(たから)くじに 当(あ)たったら 何(なに)が したいですか。

복권에 당첨되면 무엇을 하고 싶습니까?

Track 25

필수 문장 익히기

もし 100万円(ひゃくまんえん)が できたら 何(なに)が したいですか。
만약 100만 엔이 생긴다면 무엇을 하고 싶습니까?

海外旅行(かいがいりょこう)の ために 貯金(ちょきん)したいです。
해외여행을 위해서 저금하고 싶습니다.

KEY WORD

 宝(たから)くじ 복권	 貯金(ちょきん) 저금	 歴史(れきし) 역사
 合格(ごうかく) 합격	 値段(ねだん) 가격	 英会話(えいかいわ) 영어 회화
 インターネット 인터넷	 ワイン 와인	 プロポーズ 프로포즈

会話

다니엘과 링이 교실 안에서 이야기하고 있습니다.

WORD

- もし 만약
- 宝(たから)くじ 복권
- ~に 当(あ)たる ~에 당첨되다
- 世界旅行(せかいりょこう) 세계 여행
- 半分(はんぶん) 절반, 반
- 残(のこ)り 나머지
- 将来(しょうらい) 장래, 미래
- 명사 + の ために ~을 위해서
- 貯金(ちょきん) 저금
- 寄付(きふ) 기부
- お金(かね) 돈
- ~ば ~ほど ~하면 ~할수록

Track 26

ダニエル　もし宝くじに当たったら何がしたいですか。

リン　そうですね。私は世界旅行がしたいです。

半分は旅行して残りは将来のために貯金します。

ダニエルさんは?

ダニエル　僕は全部寄付します。

リン　え～、本当ですか。お金はたくさんあればあるほどいいじゃないですか。

ダニエル　ま、それはそうですけど……。

人生はお金がすべてじゃないですから。

Tip

일본의 복권은 우리나라와 다르게 복권에 세금을 부과하지 않기 때문에 만약 당첨이 되면 엄청난 돈을 받을 수 있습니다. 쇼와(昭和)시대에 들어서면서 자치단체의 재정 확보를 위한 목적으로 판매하게 되었는데, 그 중 일본의 점보복권은 당첨률이 높기 때문에 판매와 인기가 높습니다. 점보복권은 매년 11월 말경에 전국에서 일제히 발매되어 12월 31일에 추첨하는 형식의 번호지정 복권인데, 5가지 중에서 연말 점보복권(年末ジャンボ)이 특히 가장 많이 팔립니다.

文法まとめ

01 동사의 가정형「ば」

い형용사	い + ければ	예 高(たか)い → 高(たか)ければ ★ いい → よければ
な형용사	だ + ならば	예 親切(しんせつ)だ → 親切(しんせつ)ならば
1그룹 동사 (5단동사)	u단 → e단 + ば	예 買(か)う → 買(か)えば 読(よ)む → 読(よ)めば 書(か)く → 書(か)けば 話(はな)す → 話(はな)せば 帰(かえ)る → 帰(かえ)れば
2그룹 동사 (상1단동사 · 하1단동사)	る + れば	예 見(み)る → 見(み)れば 起(お)きる → 起(お)きれば 食(た)べる → 食(た)べれば 寝(ね)る → 寝(ね)れば
3그룹 동사 (カ행 변격동사 · サ행 변격동사)	来(く)る → 来(く)れば する → すれば	예 来(く)る → 来(く)れば 練習(れんしゅう)する → 練習(れんしゅう)すれば

天気(てんき)が よければ 景色(けしき)が いい 所(ところ)へ 遊(あそ)びに 行(い)く つもりです。

あなたが 食(た)べれば 私(わたし)も 少(すこ)し 食(た)べます。

ここから どうやって 行(い)けば いいですか。

WORD

- 練習(れんしゅう) 연습
- 景色(けしき) 경치
- どうやって 어떻게

02 가정형「ば」의 활용 연습

의미	동사	가정형 (ば)	의미	동사	가정형 (ば)
사다	買(か)う		쓰다	書(か)く	
만나다	会(あ)う		듣다, 묻다	聞(き)く	
노래하다	歌(うた)う		걷다	歩(ある)く	
사용하다	使(つか)う		일하다	働(はたら)く	
피우다, 빨다	吸(す)う		헤엄치다	泳(およ)ぐ	
기다리다	待(ま)つ		가다	行(い)く	
들다, 갖다	持(も)つ		이야기하다	話(はな)す	
타다	乗(の)る		보다	見(み)る	
찍다	撮(と)る		먹다	食(た)べる	
만들다	作(つく)る		일어나다	起(お)きる	
보내다	送(おく)る		자다	寝(ね)る	
돌아오다 (돌아가다)	帰(かえ)る		가르치다	教(おし)える	
죽다	死(し)ぬ		외우다, 기억하다	覚(おぼ)える	
읽다	読(よ)む		나오다 (나가다)	出(で)る	
마시다	飲(の)む		그만두다, 끊다	やめる	
쉬다	休(やす)む		걸다	かける	
놀다	遊(あそ)ぶ		오다	来(く)る	
부르다	呼(よ)ぶ		하다	する	

〈가정형「ば」의 활용 연습 정답〉

의미	동사	가정형 (ば)	의미	동사	가정형 (ば)
사다	買(か)う	買(か)えば	쓰다	書(か)く	書(か)けば
만나다	会(あ)う	会(あ)えば	듣다, 묻다	聞(き)く	聞(き)けば
노래하다	歌(うた)う	歌(うた)えば	걷다	歩(ある)く	歩(ある)けば
사용하다	使(つか)う	使(つか)えば	일하다	働(はたら)く	働(はたら)けば
피우다, 빨다	吸(す)う	吸(す)えば	헤엄치다	泳(およ)ぐ	泳(およ)げば
기다리다	待(ま)つ	待(ま)てば	가다	行(い)く	行(い)けば
들다, 갖다	持(も)つ	持(も)てば	이야기하다	話(はな)す	話(はな)せば
타다	乗(の)る	乗(の)れば	보다	見(み)る	見(み)れば
찍다	撮(と)る	撮(と)れば	먹다	食(た)べる	食(た)べれば
만들다	作(つく)る	作(つく)れば	일어나다	起(お)きる	起(お)きれば
보내다	送(おく)る	送(おく)れば	자다	寝(ね)る	寝(ね)れば
돌아오다 (돌아가다)	帰(かえ)る	帰(かえ)れば	가르치다	教(おし)える	教(おし)えれば
죽다	死(し)ぬ	死(し)ねば	외우다, 기억하다	覚(おぼ)える	覚(おぼ)えれば
읽다	読(よ)む	読(よ)めば	나오다 (나가다)	出(で)る	出(で)れば
마시다	飲(の)む	飲(の)めば	그만두다, 끊다	やめる	やめれば
쉬다	休(やす)む	休(やす)めば	걸다	かける	かければ
놀다	遊(あそ)ぶ	遊(あそ)べば	오다	来(く)る	来(く)れば
부르다	呼(よ)ぶ	呼(よ)べば	하다	する	すれば

03 ~たら ~한다면, ~하면

	~たら	예
명사	명사 + だったら	예 学生(がくせい)だったら 학생이라면 예 学生(がくせい)でなかったら 학생이 아니라면
な형용사	~~だ~~ + だったら	예 便利(べんり)だったら 편리하다면 예 便利(べんり)でなかったら 편리하지 않다면
い형용사	~~い~~ + かったら	예 安(やす)かったら 싸다면 예 安(やす)くなかったら 싸지 않다면
동사	た형 + たら	예 行(い)ったら 간다면 예 行(い)かなかったら 가지 않는다면, 안 간다면

明日(あした) いい 天気(てんき)だったら、散歩(さんぽ)に 行(い)きましょう。

果物(くだもの)が 好(す)きだったら、たくさん 食(た)べて ください。

高(たか)かったら 買(か)わなくても いいですよ。

もし わからなかったら 私(わたし)に 電話(でんわ)して ください。

Tip

가정형 「~たら(~이라면)」 뒤에는 일반적으로 의지, 명령, 충고, 희망 등의 문장이 오는데, 「~たら」 뒤에 과거형이 올 때는 '~했더니'라는 뜻이 된다는 것도 함께 기억해 두세요.

예 家(うち)へ 帰(かえ)ったら 誰(だれ)も いなかった。 집에 돌아왔더니 아무도 없었다.

WORD

- 果物(くだもの) 과일
- もし 만약

文法まとめ

04 ～ために　~을/를 위해서, ~하기 위해서

명사	명사 + の + ために	예 合格(ごうかく)の ために 합격을 위해서
동사	동사 + ために	예 合格(ごうかく)する ために 합격하기 위해서

プロポーズの ために レストランを 予約(よやく)しました。

家族(かぞく)に 会(あ)う ために 中国(ちゅうごく)から 来(き)ました。

05 ～ば ～ほど　~하면 ~할수록

い형용사	い + ければ ～いほど	예 多(おお)ければ 多(おお)いほど 많으면 많을수록
な형용사	だ + なら(ば) ～なほど	예 きれいなら(ば) きれいなほど 예쁘면 예쁠수록
동사	e단 + ば + 기본형 ほど	예 見(み)れば 見(み)るほど 보면 볼수록

値段(ねだん)は 安(やす)ければ 安(やす)いほど いいです。

日本語(にほんご)が 上手(じょうず)なら(ば) 上手(じょうず)なほど いいです。

歴史(れきし)は 勉強(べんきょう)すれば するほど おもしろいです。

WORD

- プロポーズ(propose) 프로포즈
- 値段(ねだん) 가격
- 歴史(れきし) 역사

* 표현 PLUS * 일본 집의 내부

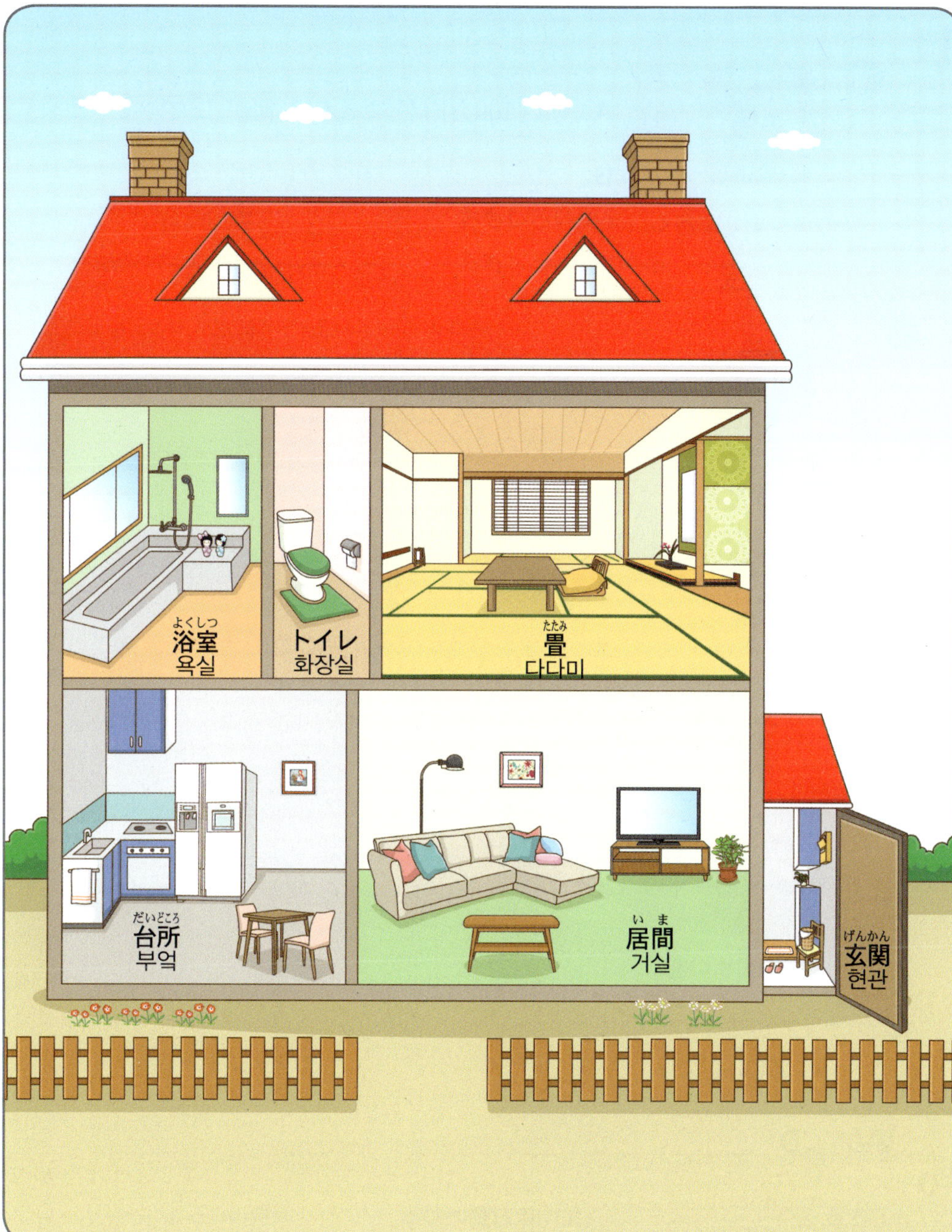

話してみましょう

그림을 보고 예와 같이 말해 보세요.

1

예

ハワイへ 遊びに 行く

A : もし 100万円が できたら 何が したいですか。

B : ハワイへ 遊びに 行きたいです。

1

新しい 車を 買う

A : 宝くじに 当たったら 何が したいですか。

2

女の 人に なる

A : 生まれ変わったら 何に なりたいですか。

3

幼なじみと 楽しく 遊ぶ

A : 子供の 頃に 戻ったら 何が したいですか。

WORD

- できる 생기다
- ハワイ(Hawaii) 하와이
- 宝(たから)くじ 복권
- 生(う)まれ変(か)わる 다시 태어나다
- 子供(こども)の 頃(ころ) 어린 시절, 어릴 때
- 戻(もど)る 돌아가다
- 幼(おさな)なじみ 어릴 적 친구, 소꿉친구

2

예

毎日 2時間ぐらい 勉強を する

A：試験に 受かる ために どんな 努力を して いますか。

B：毎日 2時間ぐらい 勉強を して います。

1

夜 7時以降は 食べない ことに する

A：ダイエットの ために 何を して いますか。

2

毎月 一万円ずつ 貯金する

A：海外旅行の ために どんな 準備を して いますか。

3

英会話の 練習を する

A：留学の ために どんな 準備を して いますか。

WORD

- 試験(しけん)に 受(う)かる 시험에 합격하다
- 努力(どりょく) 노력
- 準備(じゅんび) 준비
- 毎月(まいつき) 매월, 매달
- 貯金(ちょきん) 저금
- 英会話(えいかいわ) 영어 회화

読んでみましょう

읽어 봅시다

1 다음 내용을 큰 소리로 천천히 읽어 보세요.

Track 27

最近(さいきん)、私(わたし)は インターネットや / 不動産屋(ふどうさんや)で 新(あたら)しい 部屋(へや)を 探(さが)していた。/

今(いま) 住(す)んでいる ところは / 家賃(やちん)は 安(やす)いが、駅(えき)から 遠(とお)い。/

だから、新(あたら)しい 部屋(へや)は / 駅(えき)から 近(ちか)ければ 近(ちか)いほど いいと 思(おも)う。/

今朝(けさ) 不動産屋(ふどうさんや)に 行(い)ったら、/ ちょうど いい 部屋(へや)が あった。/

契約(けいやく)が 終(お)わったら、/ さっそく 引(ひ)っ越(こ)したいと 思(おも)う。/

2 다음 내용을 자신있게 읽어보세요.

Track 28

最近、私はインターネットや不動産屋で新しい部屋を探していた。

今住んでいるところは家賃は安いが、駅から遠い。

だから、新しい部屋は駅から近ければ近いほどいいと思う。

今朝不動産屋に行ったら、ちょうどいい部屋があった。

契約が終わったら、さっそく引っ越したいと思う。

WORD

- **インターネット**(internet) 인터넷
- **不動産屋**(ふどうさんや) 부동산
- **探(さが)す** 찾다
- **ところ** 곳
- **家賃**(やちん) 집세
- **だから** 그러니까, 그래서
- **~ば ~ほど** ~하면 ~할수록
- **~たら** ① ~한다면 ② ~했더니
- **ちょうど** 마침
- **今朝**(けさ) 오늘 아침
- **契約**(けいやく) 계약
- **さっそく** 빨리, 즉시
- **引(ひ)っ越(こ)す** 이사하다

書いてみましょう

써 봅시다

다음 예와 같이 일본어로 써 보세요.

예

広(ひろ)い

公園(こうえん)は 広(ひろ)ければ 広(ひろ)いほど いいです。

1

新鮮(しんせん)だ

野菜(やさい)は ______________ いいです。

2

古(ふる)い

ワインは ______________ おいしいです。

3

読(よ)む

歴史小説(れきししょうせつ)は ______________ おもしろいです。

4

食(た)べる

たくさん ______________ 太(ふと)ります。

WORD

- 古(ふる)い 오래되다
- ワイン(wine) 와인
- 歴史小説(れきししょうせつ) 역사 소설
- 太(ふと)る 살찌다

A 잘 듣고 밑줄 친 부분에 써 보세요.

Track 29

1 家族(かぞく)の ＿＿＿＿＿＿ 働(はたら)いて います。

2 駅(えき)まで どうやって ＿＿＿＿＿＿ いいですか。

3 この ドラマは ＿＿＿＿＿＿＿＿＿ おもしろいですね。

B 그림을 보고 내용과 알맞은 번호를 고르세요.

1

2

정답	① ② ③

정답	① ② ③

漢字・カタカナ練習

한 자　다음 한자를 읽고 따라 써 보세요.

合
합할 **합**

合格
ごうかく
합격

合格
ごうかく

보기 合計(ごうけい) 합계, 総合(そうごう) 종합

段
층계 **단**

値段
ねだん
가격

値段
ねだん

보기 階段(かいだん) 계단, 段階(だんかい) 단계

色
빛 **색**

景色
けしき
경치

景色
けしき

보기 色彩(しきさい) 색채, 色感(しきかん) 색감

가타카나　다음 가타카나를 읽고 따라 써 보세요.

ワイン
wine　와인

ワイン

ワイン

インターネット
internet　인터넷

インターネット

インターネット

회화 복습

Track 30

다음의『$\overset{かいわ}{\text{会話}}$/회화』스크립트를 보면서 복습해 보세요.

6과 この 道(みち)を まっすぐ 行(い)くと 橋(はし)が 見(み)えます。

이 길을 곧장 가면 다리가 보입니다.

Track 31

필수 문장 익히기

区役所(くやくしょ)は どうやって 行(い)けば いいですか。

구청은 어떻게 가면 됩니까?

この 道(みち)を まっすぐ 行(い)くと 右側(みぎがわ)に あります。

이 길을 곧장 가면 오른쪽에 있습니다.

KEY WORD

道(みち)

길

橋(はし)

다리

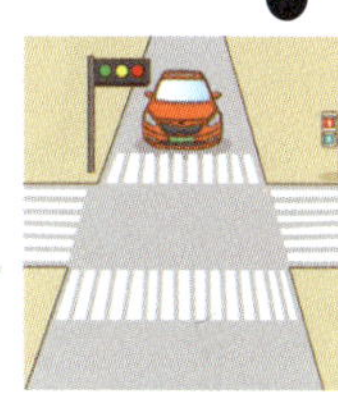

交差点(こうさてん)

사거리

大使館(たいしかん)

대사관

区役所(くやくしょ)

구청

出口(でぐち)

출구

ガソリンスタンド

주유소

ショッピング

쇼핑

レンタカー

렌터카

会話

세민이와 친구들이 오키나와에 여행을 와서 주유소를 찾고 있습니다.

WORD

- ガソリンスタンド 주유소
- 通行人(つうこうにん) 행인, 지나가는 사람
- ～なら ~이라면
- 隣(となり) 옆, 이웃
- どうやって 어떻게 (해서)
- 道(みち) 길
- まっすぐ 行(い)くと 곧장 가면
- 橋(はし) 다리
- 見(み)える 보이다
- 渡(わた)る 건너다
- 右(みぎ)に 曲(ま)がる 오른쪽으로 돌다
- すぎる 지나가다
- すぐ 바로
- どうも 매우

회화

Track 32

キム あの、すみません。

この 近(ちか)くに ガソリンスタンドは ありますか。

通行人(つうこうにん) ガソリンスタンドなら 公園(こうえん)の 隣(となり)に ありますよ。

キム 公園(こうえん)は ここから どうやって 行(い)けば いいですか。

通行人(つうこうにん) この 道(みち)を まっすぐ 行(い)くと 橋(はし)が 見(み)えます。

その 橋(はし)を 渡(わた)って 右(みぎ)に 曲(ま)がると 公園(こうえん)が あります。

キム はい。

通行人(つうこうにん) ガソリンスタンドは 公園(こうえん)を すぎて すぐですよ。

キム どうも ありがとうございました。

Tip

일본에서는 보통 렌터카를 이용할 때, 기름을 가득 채운 상태에서 렌트를 해주고 반납할 때도 마찬가지로 기름을 가득 채운 상태여야 합니다.
오키나와를 비롯한 일부 지역에서는 예외인 경우도 있지만, 일반적으로 가득 채운 상태로 반납하지 않을 경우에는 그만큼의 연료비를 청구하도록 되어 있습니다.

文法まとめ

01 가정형「と」의 쓰임 : 당연한 원리, 법칙, 자연현상, 길 안내

	용법	예
명사	명사 + だ + と	学生(がくせい)だと 학생이라면
い형용사	~い + と	近(ちか)いと 가까우면
な형용사	~だ + と	便利(べんり)だと 편리하면
동사	기본체 + と	行(い)くと 가면

Tip 가정 표현「と」는 원형에 접속한다는 점을 꼭 기억해 두세요. 부정형의 표현도 같은 방법으로 활용됩니다.

예 行(い)くと 가면 ↔ 行(い)かないと 가지 않으면

2(に)に 3(さん)を 足(た)すと 5(ご)に なります。[불변의 진리, 법칙]

朝(あさ)に なると 明(あか)るく なります。[자연현상]

この 道(みち)を まっすぐ 行(い)くと 交差点(こうさてん)に 出(で)ます。[길 안내]

部屋(へや)が きれいだと 気持(きも)ちまで 明(あか)るく なります。

WORD

- 足(た)す 더하다
- 明(あか)るい 밝다
- 道(みち) 길
- まっすぐ 곧장, 똑바로
- 交差点(こうさてん)に 出(で)る 사거리가 나오다
- 気持(きも)ち 기분

02 ~なら ~이라면 (상대의 말을 받아서 제시, 조언, 한정)

	용법	예
명사	명사 + なら	留学(りゅうがく)なら 유학이라면
い형용사	~い + なら	安(やす)いなら 싸면
な형용사	だ + なら	静(しず)かなら 조용하면
동사	기본체 + なら	旅行(りょこう)するなら 여행한다면

新宿駅(しんじゅくえき)なら 池袋駅(いけぶくろえき)で 乗(の)り換(か)えて ください。

足(あし)が 痛(いた)いなら 運動(うんどう)しないで ゆっくり 休(やす)んで ください。

沖縄(おきなわ)に 行(い)くなら レンタカーを 借(か)りた 方(ほう)が いいです。

03 ~が 見(み)える ~이/가 보이다

窓(まど)を 開(あ)けると 海(うみ)が 見(み)えます。

あそこに ショッピングセンターが 見(み)えますね。

2番出口(にばんでぐち)を 出(で)ると すぐ 銀行(ぎんこう)が 見(み)えます。

WORD

- 乗(の)り換(か)える 갈아타다, 환승하다
- 窓(まど)を 開(あ)ける 창문을 열다
- レンタカー(rent-a-car) 렌터카
- ショッピングセンター (shopping center) 쇼핑센터
- 出口(でぐち) 출구
- すぐ 바로
- 銀行(ぎんこう) 은행

話してみましょう

그림을 보고 예와 같이 말해 보세요.

1

예

A : あの、すみません。
区役所(くやくしょ)は ここから どうやって 行(い)けば いいですか。

B : この 道(みち)を まっすぐ 行(い)くと 交差点(こうさてん)に 出(で)ます。
そこを 左(ひだり)に 曲(ま)がると 右側(みぎがわ)に あります。

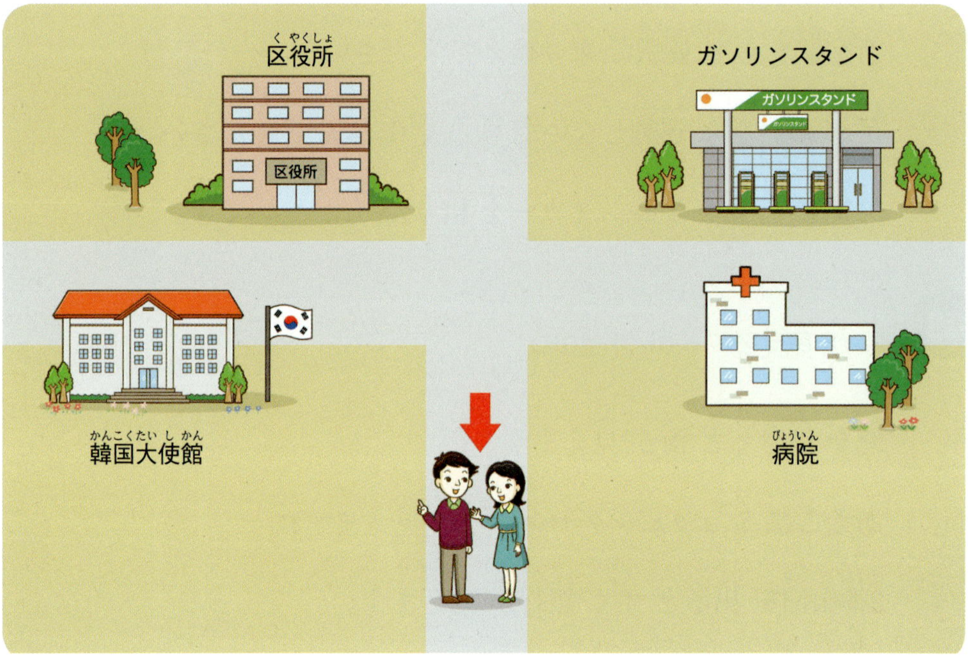

WORD

- 区役所(くやくしょ) 구청
- 交差点(こうさてん)に 出(で)る 사거리가 나오다
- 韓国大使館(かんこくたいしかん) 한국 대사관
- ガソリンスタンド 주유소
- 病院(びょういん) 병원

아래 표 안에 있는 어휘를 활용하여 말해 보세요.

2

- 3番出口を 出る 3번 출구를 나오다
- 橋を 渡る 다리를 건너다
- 右に 曲がる 오른쪽으로 돌다
- 左に 曲がる 왼쪽으로 돌다
- 公園を すぎる 공원을 지나다
- 山手線に 乗る 야마노테선을 타다
- ～に 乗り換える ～으로 갈아타다(환승하다)
- ○○駅で 降りる ○○역에서 내리다

예

A : あの、すみません。この 近くに デパートは ありますか。

B : デパートなら 3番出口を 出て 橋を 渡って 右に 曲がると 左側に あります。

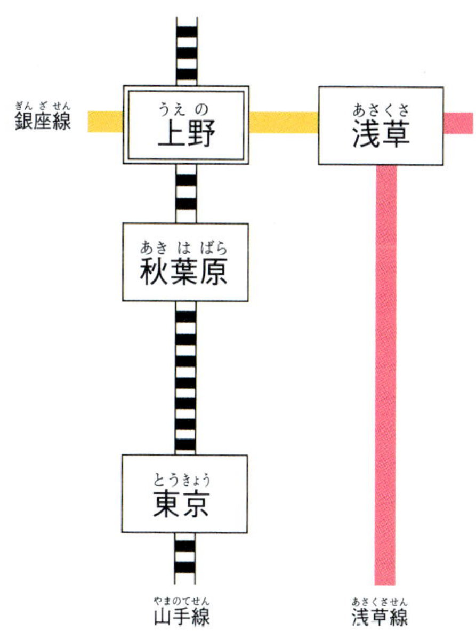

読んでみましょう

읽어 봅시다

1 다음 내용을 큰 소리로 천천히 읽어 보세요.

Track 33

僕(ぼく)は 学校(がっこう)の 友達(ともだち)と 4人(よにん)で 沖縄(おきなわ)へ 遊(あそ)びに 来(き)た。/
沖縄(おきなわ)は 車(くるま)が ないと 不便(ふべん)だから、/ レンタカーを 借(か)りる ことに した。/
海(うみ)は どこも とても きれいだったし、/ 食(た)べ物(もの)も おいしかった。/
いろいろな ところに 行(い)ったが、/ 今回(こんかい)は 時間(じかん)が なくて 首里城(しゅりじょう)には
行(い)けないかも しれない。/ また 沖縄(おきなわ)に 来(く)るなら / 首里城(しゅりじょう)に 行(い)って みたい。/

2 다음 내용을 자신있게 읽어보세요.

Track 34

僕は学校の友達と4人で沖縄へ遊びに来た。
沖縄は車がないと不便だから、レンタカーを借りることにした。
海はどこもとてもきれいだったし、食べ物もおいしかった。
いろいろなところに行ったが、今回は時間がなくて首里城には
行けないかもしれない。また沖縄に来るなら首里城に行ってみたい。

WORD

- 沖縄(おき なわ) 오키나와
- ~がないと ~이 없으면
- レンタカー(rent-a-car) 렌터카
- 借(か)りる 빌리다
- ~ことに する ~하기로 하다
- どこも 어디나
- 首里城(しゅ り じょう) 수리성(오키나와 관광지)

書いてみましょう

써 봅시다

다음 예와 같이 일본어로 써 보세요.

1

예

春(はる)に なる, 花(はな)が 咲(さ)く

春(はる)に なると 花(はな)が 咲(さ)きます。

1

1(いち)に 2(に)を 足(た)す, 3(さん)に なる

____________________________________。

2

この 道(みち)を まっすぐ 行(い)く,
花屋(はなや)が 見(み)える

____________________________________。

3

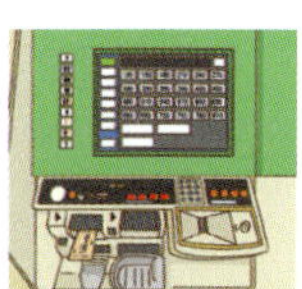

お金(かね)を 入(い)れる, 切符(きっぷ)が 出(で)る

____________________________________。

WORD

- 花(はな)が 咲(さ)く 꽃이 피다
- お金(かね)を 入(い)れる 돈을 넣다
- 切符(きっぷ) 표

書いてみましょう

2

예

ダンス, 木村さんが 上手だ

ダンスなら 木村さんが 上手です。

1

土曜日, 結婚式に 行ける

____

______________________________。

2

頭が 痛い,
ゆっくり 休んだ 方が いい

____

______________________________。

3

デジカメを 買う,
秋葉原が 安い

____

______________________________。

WORD

- ダンス(dance) 댄스
- デジカメ(digital camera) 디지털 카메라

＊ 표현 PLUS ＊ 주요 길 안내 표현

まっすぐ 行く
곧장 가다

右に 曲がる
오른쪽으로 돌다

左に 曲がる
왼쪽으로 돌다

信号を 渡る
신호를 건너다

橋が 見える
다리가 보이다

交差点に 出る
사거리가 나오다

乗り換える
갈아타다, 환승하다

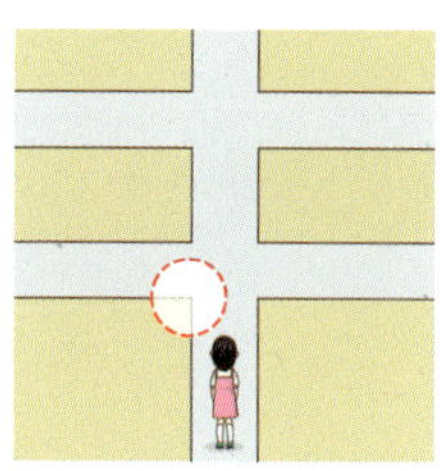

一つ目の 角
첫 번째 모퉁이

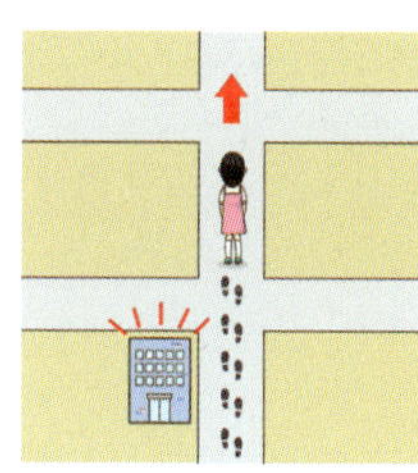

過ぎる
지나다

聞いてみましょう

들어 봅시다

A 잘 듣고 밑줄 친 부분에 써 보세요.

Track 35

1. この道(みち)を まっすぐ 行(い)く______ ガソリンスタンドが 見(み)えます。

2. 銀行(ぎんこう)を 右(みぎ)に __________ ください。

3. Kホテル ________ あそこに ありますよ。

B 그림을 보고 내용과 알맞은 번호를 고르세요.

1

2

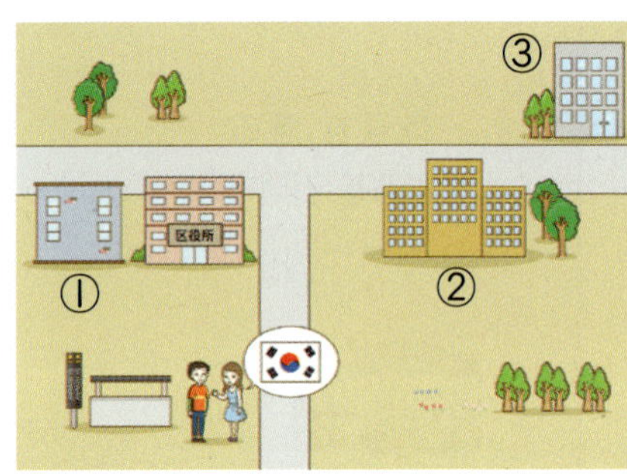

정답	① ② ③

정답	① ② ③

漢字・カタカナ練習

한 자 다음 한자를 읽고 따라 써 보세요.

한자	따라 쓰기	따라 쓰기	그림
道 길 **도**	道 みち 길	道 みち	

보기 坂道(さかみち) 언덕길, 裏道(うらみち) 뒷길

한자	따라 쓰기	따라 쓰기	그림
役 부릴 **역**	区役所 く　やく　しょ 구청	区役所 く　やく　しょ	

보기 市役所(しやくしょ) 시청, 役員(やくいん) 임원

한자	따라 쓰기	따라 쓰기	그림
口 입 **구**	出口 で　ぐち 출구	出口 で　ぐち	

보기 改札口(かいさつぐち) 개찰구, 悪口(わるぐち) 욕, 험담

가타카나 다음 가타카나를 읽고 따라 써 보세요.

가타카나	따라 쓰기	따라 쓰기	그림
ショッピング shopping **쇼핑**	ショッピング	ショッピング	
レンタカー rent-a-car **렌터카**	レンタカー	レンタカー	

会話復習

회화 복습

Track 36

다음의 『会話(かいわ)/회화』 스크립트를 보면서 복습해 보세요.

7과

どこに あるか 教(おし)えて もらえますか。

어디에 있는지 가르쳐 주세요.

Track 37

필수 문장 익히기

この 指輪(ゆびわ)、かわいいですね。 이 반지 귀엽네요.

結婚記念日(けっこんきねんび)に 夫(おっと)に 買(か)って もらいました。
결혼기념일에 남편이 사 줬어요.

KEY WORD

 指輪(ゆびわ) 반지	 記念日(きねんび) 기념일	 送別会(そうべつかい) 송별회
 お正月(しょうがつ) 설날	 就職(しゅうしょく) 취직	 荷物(にもつ) 짐
 バッグ 백, 가방	 ネクタイ 넥타이	 スカーフ 스카프

会話

다니엘과 하나가 세민이의 송별 선물에 대해 이야기하고 있습니다.

WORD

- ～んだって ~한대, ~(이)라던데?
- 送別会(そうべつかい) 송별회
- プレゼント(present) 선물
- あげる (상대에게) 주다
- ～なきゃ ~해야 돼
- 腕時計(うでどけい) 손목시계
- ～なんか ~같은 것, ~따위
- 忘(わす)れる 잊다
- ～ないように ~하지 않도록
- 日本(にほん)らしいもの 일본다운 것
- ～かな ~일까
- 浴衣(ゆかた) 유카타
- ～とか ~이라든가
- 着物(きもの) 기모노
- 売(う)る 팔다
- どこに あるか 어디에 있는지
- ～て もらえますか ~해 줄래요?, ~해 주세요

회화

Track 38

ダニエル　キムさんが 来月 韓国に 帰るんだって。

イ　あ、本当ですか。じゃ、送別会を しましょう。

ダニエル　うん、何か プレゼントも あげなきゃ。

イ　そうですね。腕時計なんか どうですか。

ダニエル　うーん。でも、日本の ことを 忘れないように、
日本らしいものが いいんじゃないかな。浴衣とか 着物とか。

イ　あっ、いいですね。でも、着物は 高いですよ。

ダニエル　それなら、浴衣に しようか。
安く 売っている ところ 知ってるよ。

イ　じゃ、お店、どこに あるか 教えて もらえますか。
私が 行って きますから。

Tip

유카타(浴衣)와 기모노(着物)의 차이점은 유카타는 기모노의 일종으로, 끈만 간단하게 묶는 형식의 간편한 옷입니다. 주로 평상복으로 입고, 목욕 후나 여름에 입습니다. 기모노는 유카타에 비해 전체적인 색, 금박이나 자수가 매우 화려하고, 굉장히 겹겹으로 싸여 있습니다. 허리엔 오비(帯)라는 큰 비단 허리띠를 두르고, 보통 명절이나 축제(祭り), 결혼식 등 행사복으로 자주 입습니다.

文法まとめ

01 やりもらい 주고받기

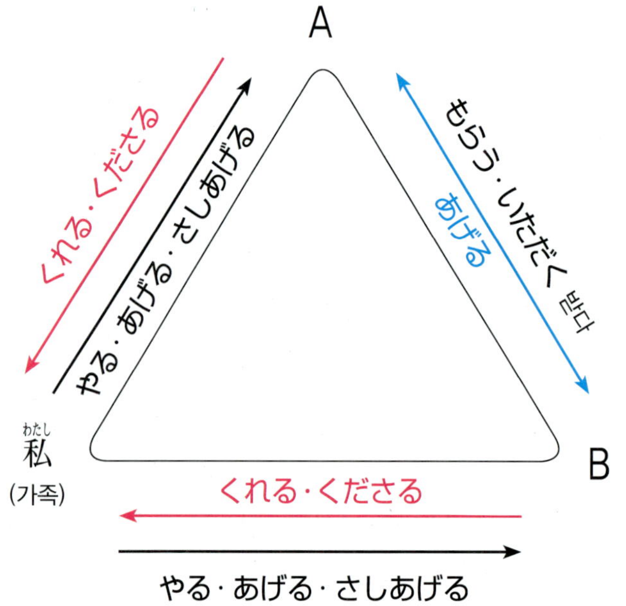

A. **やる** 주다・**あげる** 주다・**さしあげる** 드리다

〈 私(わたし)(家族(かぞく)) → 상대방 〉

예 私(わたし)は 花(はな)に 水(みず)を やりました。

私(わたし)は 彼女(かのじょ)に 指輪(ゆびわ)を あげました。

私(わたし)は 先生(せんせい)に ネクタイを さしあげました。

WORD

- **指輪**(ゆびわ) 반지
- **ネクタイ**(necktie) 넥타이

B. くれる 주다 · くださる 주시다

〈 상대방 → 私(わたし)(家族(かぞく)) 〉

예 母(はは)は 私(わたし)に 腕時計(うでどけい)を くれました。

→ 私(わたし)は 母(はは)に 腕時計(うでどけい)を もらいました。

先生(せんせい)は 私(わたし)に 就職(しゅうしょく)の プレゼントを くださいました。

→ 私(わたし)は 先生(せんせい)に 就職(しゅうしょく)の プレゼントを いただきました。

C. あげる 주다 · もらう 받다

〈 상대방 ↔ 상대방 〉

예 鈴木(すずき)さんは 山下(やました)さんに スカーフを あげました。

青木(あおき)さんは リンさんに 中国(ちゅうごく)の お菓子(かし)を もらいました。

D. ~て あげる · ~て くれる · ~て もらう · ~て いただく

예 私(わたし)は 彼女(かのじょ)に バッグを 買(か)って あげました。

友達(ともだち)は 私(わたし)に お金(かね)を 貸(か)して くれました。

→ 私(わたし)は 友達(ともだち)に お金(かね)を 貸(か)して もらいました。

森先生(もりせんせい)は 私(わたし)に 日本語(にほんご)を 教(おし)えて くださいました。

→ 私(わたし)は 森先生(もりせんせい)に 日本語(にほんご)を 教(おし)えて いただきました。

WORD

- 腕時計(うで どけい) 손목시계
- 就職(しゅう しょく) 취직
- スカーフ(scarf) 스카프
- お菓子(か し) 과자
- 貸(か)す 빌려주다

文法まとめ

02 ~ないように　~하지 않도록

子供が 飲まない ように 薬を 棚に おきました。

風邪を ひかない ように 気を つけて ください。

明日は 遅れない ように 早く 起きて ください。

03 ~とか　~이라든가

英語とか 中国語とか 外国語を 習うのが 大好きです。

私は スポーツが 好きです。サッカーとか 野球とか。

ケーキとか 果物とか 持って 行った 方が いいですね。

WORD

- **薬**(くすり) 약
- **棚**(たな) 선반
- **おく** 두다
- **気(き)を つける** 조심하다, 주의하다
- **遅(おく)れる** 늦다, 지각하다
- **外国語**(がいこくご) 외국어
- **ケーキ**(cake) 케이크
- **果物**(くだもの) 과일

04 ～かな ～일까, ～일까나, ～까

誕生日(たんじょうび)の プレゼントは 何(なに)が いいかな。

週末(しゅうまつ)は どこへ 行(い)こうかな。

どうかな。 もう一度(いちど) やって みたら。

05 ～て もらえますか ～해 줄래요?, ～해 주세요

荷物(にもつ)を 預(あず)かって もらえますか。

写真(しゃしん)を 撮(と)って もらえますか。

ギターを 教(おし)えて もらえますか。

Tip

「～て もらえますか」보다 더 정중한 표현은「いただく」를 활용한「～て いただけますか」입니다.

예 お名前(なまえ)を 書(か)いて いただけますか。

WORD

- もう一度(いちど) 다시 한번
- 荷物(にもつ) 짐
- 預(あず)かる 맡다, 보관하다
- ギター(guitar) 기타
- お名前(なまえ) 성함, 이름

話してみましょう

그림을 보고 예와 같이 말해 보세요.

1

예

彼氏(かれし)・買(か)う

A：この スカーフ、かわいいですね。

B：彼氏(かれし)が 買(か)って くれました。

1

日本人(にほんじん)の 友達(ともだち)・直(なお)す

A：立派(りっぱ)な スピーチの 原稿(げんこう)ですね。

2

彼女(かのじょ)・作(つく)る

A：この お弁当(べんとう)、おいしそうですね。

3

山田(やまだ)さん・教(おし)える

A：日本語(にほんご)が 上手(じょうず)ですね。

WORD

- スカーフ(scarf) 스카프
- 立派(りっぱ)だ 훌륭하다
- 原稿(げんこう) 원고
- 直(なお)す 고치다
- スピーチ(speech) 스피치

2

예

写真を 撮る

→ 写真を 撮って もらえますか。

1

韓国語を 教える

→ ＿＿＿＿＿＿＿＿＿＿＿＿＿＿＿＿。

2

英語で 話す

→ ＿＿＿＿＿＿＿＿＿＿＿＿＿＿＿＿。

3

荷物を 運ぶ

→ ＿＿＿＿＿＿＿＿＿＿＿＿＿＿＿＿。

WORD

- 荷物(にもつ) 짐
- 運(はこ)ぶ 운반하다, 나르다

読んでみましょう
읽어 봅시다

1 다음 내용을 큰 소리로 천천히 읽어 보세요.

Track 39

昨日(きのう)は 私(わたし)たち夫婦(ふうふ)の / 3回目(さんかいめ)の 結婚記念日(けっこんきねんび)だった。/

仕事(しごと)を 終(お)えてから、/ 初(はじ)めて 出会(であ)った 公園(こうえん)で 待(ま)ち合(あ)わせを した。/

それから、予約(よやく)した レストランに 行(い)った。/

私(わたし)は プレゼントとして / 夫(おっと)に ネクタイを あげた。/

夫(おっと)からは 花束(はなたば)と 指輪(ゆびわ)を もらった。/ さらに 夫(おっと)は 私(わたし)の ために /

ピアノを 弾(ひ)きながら 歌(うた)を 歌(うた)って くれた。/ とても 感動(かんどう)した。/

2 다음 내용을 자신있게 읽어 보세요.

Track 40

昨日は私たち夫婦の3回目の結婚記念日だった。

仕事を終えてから、初めて出会った公園で待ち合わせをした。

それから、予約したレストランに行った。

私はプレゼントとして夫にネクタイをあげた。

夫からは花束と指輪をもらった。さらに夫は私のために

ピアノを弾きながら歌を歌ってくれた。とても感動した。

WORD

- **夫婦**(ふうふ) 부부
- **3回目**(さんかいめ) 세 번째
- **結婚記念日**(けっこんきねんび) 결혼기념일
- **終**(お)**える** 끝내다
- **初**(はじ)**めて** 처음
- **出会**(であ)**う** 만나다
- **待**(ま)**ち合**(あ)**わせ** 서로 만나기로 함, 약속
- **~として** ~으로서
- **夫**(おっと) 남편
- **花束**(はなたば) 꽃다발
- **指輪**(ゆびわ) 반지
- **さらに** 게다가
- **感動**(かんどう) 감동

書いてみましょう

써 봅시다

다음 예와 같이 일본어로 써 보세요.

1

예

→ 友達(ともだち)は 私(わたし)に 本(ほん)を くれました。

1

→ お正月(しょうがつ)に 子供(こども)に お年玉(としだま)を ＿＿＿＿＿＿。

2

→ 鈴木先生(すずきせんせい)は 私(わたし)に 辞書(じしょ)を ＿＿＿＿＿＿。

3

→ 吉田(よしだ)さんは 山下(やました)さんに 花束(はなたば)を ＿＿＿＿＿＿。

4

→ 私(わたし)は 彼女(かのじょ)に スカーフを 買(か)って ＿＿＿＿＿＿。

WORD

- お正月(しょうがつ) 설날, 정월
- お年玉(としだま) 세뱃돈
- 辞書(じしょ) 사전
- スカーフ(scarf) 스카프

書いてみましょう

2

예

青木(あおき)さん・傘(かさ)を 貸(か)す

→ 青木(あおき)さんは 私(わたし)に 傘(かさ)を 貸(か)して くれました。

私(わたし)は 青木(あおき)さんに 傘(かさ)を 貸(か)して もらいました。

1

父(ちち)・本(ほん)を 読(よ)む

→ ________________________。

________________________。

2

姉(あね)・勉強(べんきょう)を 教(おし)える

→ ________________________。

________________________。

3

先輩(せんぱい)・かばんを 持(も)つ

→ ________________________。

________________________。

WORD

- 貸(か)す 빌려주다

* 표현 PLUS * 일본의 설날(お正月(しょうがつ)) 놀이

凧(たこ)あげ
연날리기

こま回(まわ)し
팽이 돌리기

羽根(はね)つき
일본식 배드민턴

カルタ
일본식 카드 놀이

福笑(ふくわら)い
얼굴 모양 맞추기 퍼즐

双六(すごろく)
주사위 놀이

聞いてみましょう

들어 봅시다

A 잘 듣고 밑줄 친 부분에 써 보세요.

Track 41

1. 私(わたし)は 友達(ともだち)に ペンを ＿＿＿＿＿＿＿＿。

2. 高橋(たかはし)さんは 私(わたし)に 本(ほん)を 買(か)って ＿＿＿＿＿＿＿＿。

3. 林先生(はやしせんせい)に 日本語(にほんご)を 教(おし)えて ＿＿＿＿＿＿＿＿。

B 그림을 보고 내용과 알맞은 번호를 고르세요.

1

정답 ① ② ③

2

정답 ① ② ③

漢字・カタカナ練習

한 자 다음 한자를 읽고 따라 써 보세요.

念 생각 **념** — 記念日 (き ねん び) 기념일 — 記念日 (き ねん び)

보기 初念(しょねん) 초념, 概念(がいねん) 개념

送 보낼 **송** — 送別会 (そう べつ かい) 송별회 — 送別会 (そう べつ かい)

보기 送信(そうしん) 송신, 輸送(ゆそう) 수송

正 바를 **정** — 正月 (しょう がつ) 설날, 정월 — 正月 (しょう がつ)

보기 正午(しょうご) 정오, 正直(しょうじき) 정직

가타카나 다음 가타카나를 읽고 따라 써 보세요.

ネクタイ necktie 넥타이 — ネクタイ — ネクタイ

スカーフ scarf 스카프 — スカーフ — スカーフ

会話復習

회화 복습

Track 42

다음의 『会話(かいわ)/회화』 스크립트를 보면서 복습해 보세요.

8과 人(ひと)が 並(なら)んで いますね。

사람이 줄 서 있네요.

Track 43

필수 문장 익히기

この 近(ちか)くに 本屋(ほんや)は ないみたいです。

이 근처에 서점은 없는 것 같아요.

え？ あそこに 「本(ほん)」って 書(か)いて ありますよ。

어? 저기에 '책'이라고 쓰여 있어요.

KEY WORD

 電気(でんき) 전기	 約束(やくそく) 약속	 教育(きょういく) 교육
 資料(しりょう) 자료	 材料(ざいりょう) 재료	 壁(かべ) 벽
 ポスター 포스터	 ポイント 포인트	 コピー 복사, 카피

会話

하나와 칭이 전단지를 보면서 이야기하고 있습니다.

WORD

- ポスター(poster) 포스터
- 毎週(まいしゅう) 매주
- ポイント(point) 포인트
- 5倍(ごばい)デー 5배 Day
- ～って ~이라고
- 書(か)いて ある 쓰여 있다
- ～も ~이나
- 貯(た)まる 쌓이다
- お得(とく) 득, 이득
- 現金(げんきん)の ように 현금처럼
- ～んですって ~이라고 하던데요?
- ポイントカード(point card) 포인트 카드
- ～て おいたら どうですか ~해 두는 게 어떻습니까?
- 並(なら)んで いる 줄 서 있다
- 何(なに)か 뭔가
- して いる みたい 하고 있는 것 같다

Track 44

イ　チンさん、あの ポスターを 見(み)て ください。

チン　「毎週(まいしゅう) 水曜日(すいようび)は ポイント5倍(ごばい)デー」って 書(か)いて ありますよ。

イ　ポイントが 5倍(ごばい)も 貯(た)まるのは お得(とく)ですね。

チン　ポイントは 現金(げんきん)の ように 使(つか)えるんですって。

イ　そうですか。でも、私(わたし) ポイントカードを 持(も)って いないんです。

チン　じゃ、今日(きょう) 作(つく)って おいたら どうですか。

イ　そう します。あ、あそこに たくさん 人(ひと)が 並(なら)んで いますね。

チン　何(なに)か イベントを して いる みたいですよ。
行(い)って みましょうか。

Tip

일반적으로 명사와 명사 사이에 조사 「の」를 넣는데, 위의 「毎週(まいしゅう) 水曜日(すいようび)」처럼 「毎週(まいしゅう)」 뒤에는 「の」가 생략된다는 점을 기억해 두세요.

예 매주 월요일 → 毎週(まいしゅう)の 月曜日(げつようび) (×)　毎週月曜日(まいしゅうげつようび) (○)

文法まとめ

01 자동사・타동사 상태 용법

상태 1	が + 자동사 + て いる	말하는 사람이 바로 앞에 보이는 상태를 사실 그대로 표현할 때 쓰임 (의도성 X)	예 ドアが 開(あ)いて います。 문이 열려 있습니다.
상태 2	が + 타동사 + て ある	제 3자가 무언가를 해 둔 상태를 표현할 때 또는 인위적인 행동의 결과에 쓰임 (의도성 O)	예 ドアが 開(あ)けて あります。 (제3자의 작용에 의해) 문이 열려 있습니다.

1. 電気(でんき)が ついて います。 (상태 1)

   電気(でんき)が つけて あります。 (상태 2)

2. 窓(まど)が 閉(し)まって います。 (상태 1)

   窓(まど)が 閉(し)めて あります。 (상태 2)

3. コップが 並(なら)んで います。 (상태 1)

   コップが 並(なら)べて あります。 (상태 2)

WORD

- ドア(door) 문
- 開(あ)く・開(あ)ける 열리다 · 열다
- つく・つける 켜지다 · 켜다
- 窓(まど) 창문
- 閉(し)まる・閉(し)める 닫히다 · 닫다
- コップ(cup) 컵
- 並(なら)ぶ・並(なら)べる 진열되다 · 진열하다

02 필수 자동사・타동사

자동사	타동사	자동사	타동사
開く(あ) 열리다	開ける(あ) 열다	閉まる(し) 닫히다	閉める(し) 닫다
つく 켜지다	つける 켜다	かかる 걸리다	かける 걸다
入る(はい) 들어가다	入れる(い) 넣다	止まる(と) 서다	止める(と) 세우다
並ぶ(なら) 진열되다	並べる(なら) 진열하다	決まる(き) 정해지다	決める(き) 정하다
変わる(か) 바뀌다	変える(か) 바꾸다	集まる(あつ) 모이다	集める(あつ) 모으다
終わる(お) 끝나다	終える(お) 끝내다	始まる(はじ) 시작되다	始める(はじ) 시작하다
上がる(あ) 올라가다	上げる(あ) 올리다	消える(き) 꺼지다	消す(け) 끄다
出る(で) 나오(가)다	出す(だ) 내다	起きる(お) 일어나다	起こす(お) 깨우다

03 ～て あります　～해 있습니다, ～되어 있습니다

料理(りょうり)の 材料(ざいりょう)を 買(か)って あります。

壁(かべ)に ポスターが はって あります。

新人教育(しんじんきょういく)の 資料(しりょう)を コピーして あります。

WORD

- 材料(ざい りょう) 재료
- 壁(かべ) 벽
- ポスター(poster) 포스터
- 新人(しん じん) 신입
- 教育(きょう いく) 교육
- コピー(copy) 복사, 카피

文法まとめ

04 ～も ① ～이나 ② ～도, ～역시

キムさんの 送別会(そうべつかい)に ６０人(ろくじゅうにん)も 来(き)ました。 (～이나)

友達(ともだち)と 高(たか)い ワインを 2本(にほん)も 飲(の)みました。 (～이나)

今日(きょう)も 遅(おそ)くまで 資料(しりょう)を 作(つく)ります。 (～도, ～역시)

05 명사 + の ように ～와 같이, ～처럼

この 子(こ)は 人形(にんぎょう)の ように かわいい。

キムさんと 私(わたし)は 家族(かぞく)の ように 仲(なか)が いいです。

彼(かれ)は お金(かね)を おいて 風(かぜ)の ように 去(さ)って 行(い)きました。

06 ～んですって ～(이)라던데요? (「～んだって」의 정중체)

リンさんは 来月(らいげつ)、中国(ちゅうごく)に 帰(かえ)るんですって。

土曜日(どようび)に 佐藤(さとう)さんが 結婚(けっこん)するんですって。

先輩(せんぱい)は 明日(あした) 約束(やくそく)が あるんですって。

WORD

- 仲(なか)が いい 사이가 좋다
- 去(さ)って 行(い)く 사라지다
- 来月(らいげつ) 다음 달
- 約束(やくそく) 약속

＊ 표현 PLUS ＊ 자동사・타동사 활용 예문

1. 窓(まど)が 開(あ)きました。 창문이 열렸습니다.
   窓(まど)を 開(あ)けました。 창문을 열었습니다.

2. ドアが 閉(し)まりました。 문이 닫혔습니다.
   ドアを 閉(し)めました。 문을 닫았습니다.

3. ガソリンが 入(はい)りました。 기름이 들어갔습니다.
   ガソリンを 入(い)れました。 기름을 넣었습니다.

4. 車(くるま)が 止(と)まりました。 차가 섰습니다.
   車(くるま)を 止(と)めました。 차를 세웠습니다.

5. 電気(でんき)が つきました。 불이 켜졌습니다.
   電気(でんき)を つけました。 불을 켰습니다.

話してみましょう

그림을 보고 예와 같이 말해 보세요.

1

예

(先生の) 誕生日パーティーの
準備を して いる

A：教室の ドアが 閉まって いますね。

B：ええ、(先生の) 誕生日パーティーの準備を して いるんですって。

1

歌手の サイン会が ある

A：人が たくさん 並んで いますね。

2

土曜日に 留学生たちの
公演が ある

A：あそこに ポスターが はって ありますね。

3

交通事故が あった

A：人が たくさん 集まって いますね。

WORD

- サイン会(かい) 사인회
- 公演(こうえん) 공연
- ポスター(poster) 포스터
- 交通事故(こうつうじこ) 교통사고
- 集(あつ)まる 모이다

2

예 ドアが閉(し)めて あります。

A 前(まえ)

B 後(あと)

WORD

- 閉(し)める 닫다
- 前(まえ) 전
- 後(あと) 후
- 止(と)める 세우다
- 箱(はこ) 상자
- 入(い)れる 넣다

読んでみましょう

읽어 봅시다

1 다음 내용을 큰 소리로 천천히 읽어 보세요.

Track 45

明日(あした)、会社(かいしゃ)で 新入社員(しんにゅうしゃいん)の 研修(けんしゅう)が あるので、/

今日中(きょうじゅう)に 資料(しりょう)を / コピーして おかなければ ならない。/

でも、コピー機(き)が 壊(こわ)れて いて / 電源(でんげん)が 入(はい)らない。/

コピー機(き)を 直(なお)して もらうまで / まだ 時間(じかん)が かかりそうだ。/

2 다음 내용을 자신있게 읽어 보세요.

Track 46

明日、会社で新入社員の研修があるので、

今日中に資料をコピーしておかなければならない。

でも、コピー機が壊れていて電源が入らない。

コピー機を直してもらうまでまだ時間がかかりそうだ。

WORD

- **新入社員**(しんにゅうしゃいん) 신입사원
- **研修**(けんしゅう) 연수
- **今日中**(きょうじゅう) 오늘 중
- **資料**(しりょう) 자료
- **~て おかなければ ならない** ~해 두지 않으면 안 된다
- **コピー機**(き) 복사기
- **壊**(こわ)**れる** 부서지다, 고장 나다
- **電源**(でんげん) 전원
- **直**(なお)**す** 고치다
- **かかりそうだ** 걸릴 것 같다

書いてみましょう

쓰기 연습

다음 예와 같이 일본어로 써 보세요.

예

窓(まど)・閉(し)まる・閉(し)める

→ 窓(まど)が 閉(し)まって います。
　 窓(まど)が 閉(し)めて あります。

1

お皿(さら)・並(なら)ぶ・並(なら)べる

→ ________________。
　 ________________。

2

水(みず)・入(はい)る・入(い)れる

→ ________________。
　 ________________。

3

絵(え)・かかる・かける

→ ________________。
　 ________________。

WORD

- お皿(さら) 접시
- 水(みず) 물
- 絵(え) 그림

聞いてみましょう

들어 봅시다

A 잘 듣고 밑줄 친 부분에 써 보세요.

Track 47

1 窓(まど)が 開(あ)けて ＿＿＿＿＿＿。

2 電気(でんき)が ＿＿＿＿＿＿ います。

3 来週(らいしゅう)の 土曜日(どようび)に 結婚(けっこん)する＿＿＿＿＿＿。

B 그림을 보고 내용과 알맞은 번호를 고르세요.

1

2

정답	① ② ③

정답	① ② ③

漢字・カタカナ練習

한자 • 가타카나 연습

한 자 다음 한자를 읽고 따라 써 보세요.

気 기운 **기**	電気 でんき 전기	電気 でんき	

보기 人気(にんき) 인기, 本気(ほんき) 진심

育 기를 **육**	教育 きょういく 교육	教育 きょういく	

보기 育成(いくせい) 육성, 育児(いくじ) 육아

材 재목 **재**	材料 ざいりょう 재료	材料 ざいりょう	

보기 人材(じんざい) 인재, 教材(きょうざい) 교재

가타카나 다음 가타카나를 읽고 따라 써 보세요.

ポスター poster 포스터	ポスター	ポスター	

コピー copy 복사, 카피	コピー	コピー	

会話復習

회화 복습

Track 48

다음의 『会話(かいわ)/회화』 스크립트를 보면서 복습해 보세요.

9과 雨(あめ)に 降(ふ)られて 服(ふく)が 濡(ぬ)れて しまいました。

비가 와서 옷이 젖어 버렸습니다.

Track 49

필수 문장 익히기

どうしたんですか。 무슨 일이에요?

隣(となり)の 人(ひと)に 足(あし)を 踏(ふ)まれました。 옆 사람에게 발을 밟혔습니다.

KEY WORD

 日記(にっき) 일기	 質問(しつもん) 질문	 建物(たてもの) 건물
 財布(さいふ) 지갑	 泥棒(どろぼう) 도둑	 招待(しょうたい) 초대
 カウンター 카운터	 キャンセル 취소, 캔슬	 プレゼンテーション 프레젠테이션

会話

유키가 세민이에게 지난주 토요일에 다녀온 콘서트 이야기를 하고 있습니다.

WORD

- コンサート(concert) 콘서트
- 足(あし) 발
- 踏(ふ)まれる 밟히다
- コンサートグッズ 콘서트 상품
- ～と したら ~하려고 했더니
- 財布(さいふ) 지갑
- それに 게다가
- 途中(とちゅう)で 도중에
- 雨(あめ)に 降(ふ)られる 비를 맞다(수동형)
- 服(ふく)が 濡(ぬ)れる 옷이 젖다
- ついてなかったですね 운이 없었네요
- 見(み)つかる 찾다, 발견되다
- 盗(ぬす)まれる 도둑맞다
- ～みたいなんです ~인 것 같아요

Track 50

山下 先週の 土曜日に、KJ の コンサートに 行って きたんですよ。

キム わあ、うらやましいですね。どうでしたか。

山下 それが……、人が 多すぎて 足は 踏まれるし、

コンサートグッズを 買おうと したら 財布が ないし……。

キム それは 大変でしたね。

山下 はい。それに、帰る 途中で 雨に 降られて

服が 濡れて しまいました。

キム ついてなかったですね。

それで、財布は 見つかったんですか。

山下 いいえ、盗まれたみたいなんです。

文法まとめ

01 동사의 수동형

1그룹 동사 (5단동사)	u단 → a단 + れる (단, 「う」로 끝나는 동사는 「わ」로 바뀜)	예 踏(ふ)む → 踏(ふ)まれる 叱(しか)る → 叱(しか)られる 取(と)る → 取(と)られる 帰(かえ)る → 帰(かえ)られる ★ 言(い)う → 言(い)われる
2그룹 동사 (상1단동사 · 하1단동사)	る + られる (가능형 활용과 동일)	예 見(み)る → 見(み)られる 食(た)べる → 食(た)べられる ほめる → ほめられる
3그룹 동사 (カ행 변격동사 · サ행 변격동사)	来(く)る → 来(こ)られる (가능형 활용과 동일) する → される	예 来(く)る → 来(こ)られる 招待(しょうたい)する → 招待(しょうたい)される

隣(となり)の 人(ひと)に 足(あし)を 踏(ふ)まれました。

上司(じょうし)に 仕事(しごと)を 頼(たの)まれました。

学校(がっこう)で 先生(せんせい)に ほめられました。

WORD

- 招待(しょうたい) 초대
- 上司(じょうし) 상사
- ほめる 칭찬하다
- 足(あし)を 踏(ふ)む 발을 밟다
- 頼(たの)む 부탁하다

02 수동형의 활용 연습

의미	동사	수동형	의미	동사	수동형
밟다	踏(ふ)む		쓰다	書(か)く	
혼내다	叱(しか)る		듣다, 묻다	聞(き)く	
집다	取(と)る		읽다	読(よ)む	
부탁하다	頼(たの)む		마시다	飲(の)む	
훔치다	盗(ぬす)む		기다리다	待(ま)つ	
물다, 씹다	かむ		가다	行(い)く	
권유하다	誘(さそ)う		보다	見(み)る	
지불하다	払(はら)う		먹다	食(た)べる	
말하다	言(い)う		일어나다	起(お)きる	
사다	買(か)う		자다	寝(ね)る	
부르다	呼(よ)ぶ		가르치다	教(おし)える	
보내다	送(おく)る		세우다, 짓다	建(た)てる	
돌아오다 (돌아가다)	帰(かえ)る		외우다, 기억하다	覚(おぼ)える	
때리다	なぐる		나오다 (나가다)	出(で)る	
죽다	死(し)ぬ		그만두다, 끊다	やめる	
만들다	作(つく)る		칭찬하다	ほめる	
사용하다	使(つか)う		오다	来(く)る	
화내다	怒(おこ)る		하다	する	

〈수동형의 활용 연습 정답〉

의미	동사	수동형	의미	동사	수동형
밟다	踏む	踏まれる	쓰다	書く	書かれる
혼내다	叱る	叱られる	듣다, 묻다	聞く	聞かれる
집다	取る	取られる	읽다	読む	読まれる
부탁하다	頼む	頼まれる	마시다	飲む	飲まれる
훔치다	盗む	盗まれる	기다리다	待つ	待たれる
물다, 씹다	かむ	かまれる	가다	行く	行かれる
권유하다	誘う	誘われる	보다	見る	見られる
지불하다	払う	払われる	먹다	食べる	食べられる
말하다	言う	言われる	일어나다	起きる	起きられる
사다	買う	買われる	자다	寝る	寝られる
부르다	呼ぶ	呼ばれる	가르치다	教える	教えられる
보내다	送る	送られる	세우다, 짓다	建てる	建てられる
돌아오다 (돌아가다)	帰る	帰られる	외우다, 기억하다	覚える	覚えられる
때리다	なぐる	殴られる	나오다 (나가다)	出る	出られる
죽다	死ぬ	死なれる	그만두다, 끊다	やめる	やめられる
만들다	作る	作られる	칭찬하다	ほめる	ほめられる
사용하다	使う	使われる	오다	来る	来られる
화내다	怒る	怒られる	하다	する	される

03 踏(ふ)まれる 밟히다 (일반 수동)

母(はは)に 叱(しか)られました。

この 建物(たてもの)は 60年前(ろくじゅうねんまえ)に 建(た)てられました。

昨日(きのう)の 午後(ごご)、泥棒(どろぼう)に 入(はい)られました。

04 雨(あめ)に 降(ふ)られて~ 비가 와서~ (피해 수동)

雨(あめ)に 降(ふ)られて 公演(こうえん)は キャンセルに なりました。

赤(あか)ちゃんに 泣(な)かれて 全然(ぜんぜん) 寝(ね)られませんでした。

友達(ともだち)に 来(こ)られて プレゼンテーションの 準備(じゅんび)が できませんでした。

父(ちち)に 死(し)なれて 幼(おさな)い 頃(ころ)から バイトを しました。

WORD

- 叱(しか)る 혼내다, 야단치다
- 建物(たてもの) 건물
- 建(た)てる 짓다
- 泥棒(どろぼう) 도둑
- 公演(こうえん) 공연
- キャンセル(cancel) 취소, 캔슬
- 赤(あか)ちゃん 아기
- プレゼンテーション(presentation) 프레젠테이션
- 幼(おさな)い 어리다
- 頃(ころ) 때, 쯤

文法まとめ

05 의지형 + と したら ~하려고 했더니

電車(でんしゃ)に 乗(の)ろうと したら ドアが 閉(し)まりました。

家(うち)へ 早(はや)く 帰(かえ)ろうと したら 部長(ぶちょう)に 仕事(しごと)を 頼(たの)まれました。

インターネットで その かばんを 買(か)おうと したら 売(う)り切(き)れだった。

06 ~た 方(ほう)が いいです ~하는 편이 좋습니다(낫습니다)

荷物(にもつ)は カウンターに 預(あず)けた 方(ほう)が いいです。

道(みち)を 聞(き)く 時(とき)は 交番(こうばん)に 聞(き)いた 方(ほう)が いいです。

この 薬(くすり)を 飲(の)んで ゆっくり 寝(ね)た 方(ほう)が いいです。

Tip '약을 먹다'라는 표현은 「食(た)べる」가 아닌 「飲(の)む」를 사용한다는 점을 기억해 두세요.
薬(くすり)を 飲(の)む (○)　　薬(くすり)を 食(た)べる (×)

WORD

- ドアが 閉(し)まる 문이 닫히다
- 頼(たの)む 부탁하다
- インターネット(Internet) 인터넷
- 売(う)り切(き)れ 품절
- 薬(くすり)を 飲(の)む 약을 먹다

＊ 표현 PLUS ＊ 상황별 수동 표현

人(ひと)に 足(あし)を 踏(ふ)まれました。

사람에게 발을 밟혔습니다.

先生(せんせい)に ほめられました。

선생님에게 칭찬받았습니다.

上司(じょうし)に 仕事(しごと)を 頼(たの)まれました。

상사에게 일을 부탁받았습니다.

上司(じょうし)に 怒(おこ)られました。

상사에게 혼났습니다.

犬(いぬ)に 手(て)を かまれました。

개에게 손을 물렸습니다.

自転車(じてんしゃ)を 盗(ぬす)まれました。

자전거를 도둑맞았습니다.

結婚式(けっこんしき)に 招待(しょうたい)されました。

결혼식에 초대받았습니다.

人(ひと)に 押(お)されました。

사람에게 밀렸습니다.

雨(あめ)に 降(ふ)られました。

비에 맞았습니다.

話してみましょう

그림을 보고 예와 같이 말해 보세요.

1

예

隣(となり)の 人(ひと)・足(あし)を 踏(ふ)む

A：どうしたんですか。

B：隣(となり)の 人(ひと)に 足(あし)を 踏(ふ)まれました。

1

泥棒(どろぼう)・入(はい)る

A：どうしたんですか。

2

上司(じょうし)・怒(おこ)る

A：どうしたんですか。

3

犬(いぬ)・手(て)を かむ

A：どうしたんですか。

WORD

- **どうしたんですか** 왜 그래요?, 무슨 일이에요?
- **踏(ふ)む** 밟다
- **泥棒(どろぼう)** 도둑
- **上司(じょうし)** 상사
- **怒(おこ)る** 화내다
- **かむ** 물다, 씹다

2

예

車・引く

A：友達が 車に 引かれました。

B：救急車を 早く 呼んだ 方が いいですよ。

1

部長・仕事を 頼む

A：＿＿＿＿＿＿＿＿＿＿＿＿＿＿＿＿＿＿＿＿＿＿＿。

B：今日の 約束を キャンセルした 方が いいですよ。

2

子供・携帯を 壊す

A：＿＿＿＿＿＿＿＿＿＿＿＿＿＿＿＿＿＿＿＿＿＿＿。

B：修理を した 方が いいですよ。

3

財布を 取る

A：＿＿＿＿＿＿＿＿＿＿＿＿＿＿＿＿＿＿＿＿＿＿＿。

B：早く 警察に 行った 方が いいですよ。

WORD

- **救急車**(きゅう きゅう しゃ) 구급차
- **壊(こわ)す** 부수다
- **警察**(けい さつ) 경찰
- **仕事**(し ごと) 일
- **修理**(しゅう り) 수리

読んでみましょう

읽어 봅시다

1 다음 내용을 큰 소리로 읽어보세요.

Track 51

今日(きょう)、部長(ぶちょう)に / プレゼンテーションの 準備(じゅんび)を 頼(たの)まれた。/

できるだけ 早(はや)く / して ほしいと 言(い)われたので、/

友達(ともだち)から 誘(さそ)われて いた 映画(えいが)も / 断(ことわ)って 一人(ひとり)で 残業(ざんぎょう)した。/

やっと 仕事(しごと)が 終(お)わって / 終電(しゅうでん)に 乗(の)ろうと したら、/

目(め)の 前(まえ)で ドアが 閉(し)まって / 電車(でんしゃ)が 行(い)って しまった。/

それで しかたなく タクシーで 帰(かえ)った。/

2 다음 내용을 자신있게 읽어 보세요.

Track 52

今日、部長にプレゼンテーションの準備を頼まれた。

できるだけ早くしてほしいと言われたので、

友達から誘われていた映画も断って一人で残業した。

やっと仕事が終わって終電に乗ろうとしたら、

目の前でドアが閉まって電車が行ってしまった。

それで、しかたなくタクシーで帰った。

WORD

- プレゼンテーション (presentation) 프레젠테이션
- 頼(たの)む 부탁하다
- できるだけ 가능한 한
- して ほしい 해 줬으면 좋겠다
- 誘(さそ)う 권유하다
- 断(ことわ)る 거절하다
- 終電(しゅう でん) 막차
- ドアが 閉(し)まる 문이 닫히다
- しかたなく 어쩔 수 없이

書いてみましょう

써 봅시다

다음 예와 같이 일본어로 써 보세요.

예

日記(にっき)を 見(み)る

→ 母(はは)に 日記(にっき)を 見(み)られました。

1

質問(しつもん)する

→ 授業中(じゅぎょうちゅう)に 学生(がくせい)に ＿＿＿＿＿＿＿＿＿＿。

2

取(と)る

→ バスで 財布(さいふ)を ＿＿＿＿＿＿＿＿＿＿。

3

招待(しょうたい)する

→ 山口先生(やまぐちせんせい)の 結婚式(けっこんしき)に ＿＿＿＿＿＿＿＿＿＿。

4

降(ふ)る

→ 雨(あめ)に ＿＿＿＿＿＿＿＿＿＿。

WORD

- 日記(にっき) 일기
- 質問(しつもん) 질문
- 財布(さいふ) 지갑
- 取(と)る 집다
- 招待(しょうたい) 초대

聞いてみましょう

들어 봅시다

A 잘 듣고 밑줄 친 부분에 써 보세요.

Track 53

1 先生(せんせい)に ＿＿＿＿＿＿＿＿＿＿＿。

2 バスの 中(なか)で 財布(さいふ)を ＿＿＿＿＿＿＿＿＿＿＿。

3 雨(あめ)に ＿＿＿＿＿＿＿＿ 服(ふく)が 濡(ぬ)れて しまいました。

B 그림을 보고 내용과 알맞은 번호를 고르세요.

1

2

정답	① ② ③

정답	① ② ③

漢字・カタカナ練習

한 자 다음 한자를 읽고 따라 써 보세요.

質 바탕 **질**	質問 しつ もん 질문	質問 しつ もん	

보기 品質(ひんしつ) 품질, 実質(じっしつ) 실질

記 기록할 **기**	日記 にっ き 일기	日記 にっ き	

보기 記憶(きおく) 기억, 記録(きろく) 기록

待 기다릴 **대**	招待 しょう たい 초대	招待 しょう たい	

보기 接待(せったい) 접대, 待遇(たいぐう) 대우

가타카나 다음 가타카나를 읽고 따라 써 보세요.

キャンセル cancel 취소, 캔슬	キャンセル	キャンセル	
プレゼンテーション presentation 프레젠테이션	プレゼンテーション	プレゼンテーション	

Track 54

다음의 『会話(かいわ)/회화』 스크립트를 보면서 복습해 보세요.

10과 任(まか)されたからには がんばって みるよ。

맡은 이상 열심히 해 볼 거야.

Track 55

필수 문장 익히기

先生(せんせい)は 学生(がくせい)たちに 日本語(にほんご)を どう 教(おし)えますか。

선생님은 학생들에게 일본어를 어떻게 가르칩니까?

本(ほん)を 読(よ)ませたり 漢字(かんじ)を 覚(おぼ)えさせたり します。

책을 읽게 하거나 한자를 외우게 합니다.

KEY WORD

 作文(さくぶん) 작문	 暗記(あんき) 암기	 お見合(みあ)い 맞선
 代表(だいひょう) 대표	 優勝(ゆうしょう) 우승	 提出(ていしゅつ) 제출
 スピーチ 스피치	 コンテスト 콘테스트	 ストレス 스트레스

会話

칭과 하나가 다음 달에 열릴 스피치 콘테스트에 대해서 이야기하고 있습니다.

WORD

- スピーチ(speech) 스피치
- コンテスト(contest) 콘테스트
- クラス(class) 클래스, 학급
- 代表(だい ひょう) 대표
- ～として ~으로서
- 出(で)る ことに なる 나가게 되다
- おめでとうございます 축하합니다
- うれしい 기쁘다
- 苦手(にが て)だ 못하다, 자신없다
- どうして 왜, 어째서
- 成績(せい せき) 성적
- ～までに ~까지
- 原稿(げん こう) 원고
- 優勝(ゆう しょう) 우승
- 賞金(しょう きん) 상금
- とにかく 어쨌든, 여하튼
- 任(まか)される (어쩔 수 없이) 맡다
- ～た からには ~한 이상

Track 56

チン　来月の スピーチコンテストに クラスの 代表として 出る ことに なったんだ。

イ　え！本当ですか。おめでとうございます。

チン　いや、全然 うれしく ないよ。

僕は 人前で 話すのが 苦手だから。

イ　じゃ、どうして クラスの 代表に なったんですか。

チン　先生が 成績が 一番 いい 学生に やらせようって 言って。

来週の 月曜日までに 原稿を 書かなければ ならないんだ。

イ　でも、優勝したら 何か もらえるんじゃないですか。

チン　うん、賞金が もらえるんだって。

とにかく 任された からには がんばって みるよ。

文法まとめ

01 동사의 사역형 · 사역 수동형

	사역형 ~하게 하다	사역 수동형 (어쩔 수 없이, 억지로) ~하다
1그룹 동사 (5단동사)	u단 → a단 + せる ★「う」로 끝나는 동사 →「わせる」 예 行く → 行かせる 飲む → 飲ませる ★ 買う → 買わせる	u단 → a단 + せられる ★「う」로 끝나는 동사 →「わせられる」 예 行く → 行かせられる (= 行かされる) 飲む → 飲ませられる (= 飲まされる) ★ 買う → 買わせられる (= 買わされる)
2그룹 동사 (상1단동사 · 하1단동사)	~~る~~ + させる 예 食べる → 食べさせる やめる → やめさせる	~~る~~ + させられる 예 食べる → 食べさせられる やめる → やめさせられる
3그룹 동사 (カ행 변격동사 · サ행 변격동사)	来る → 来させる 勉強する → 勉強させる	来る → 来させられる 勉強する → 勉強させられる

先輩は 私に お酒を 飲ませました。(사역형)

→ 私は 先輩に お酒を 飲ませられました(=飲まされました)。 (사역 수동형)

02 사역형 • 사역 수동형의 활용 연습

의미	동사	사역형	사역 수동형
사다	買(か)う		
노래하다	歌(うた)う		
기다리다	待(ま)つ		
마시다	飲(の)む		
읽다	読(よ)む		
이야기하다	話(はな)す		
쓰다	書(か)く		
가다	行(い)く		
만들다	作(つく)る		
타다	乗(の)る		
돌아오다 (돌아가다)	帰(かえ)る		
보다	見(み)る		
먹다	食(た)べる		
일어나다	起(お)きる		
자다	寝(ね)る		
외우다, 기억하다	覚(おぼ)える		
오다	来(く)る		
하다	する		

文法まとめ

〈사역형 · 사역 수동형의 활용 연습 정답〉

의미	동사	사역형	사역 수동형
사다	買う	買わせる	買わせられる
노래하다	歌う	歌わせる	歌わせられる
기다리다	待つ	待たせる	待たせられる
마시다	飲む	飲ませる	飲ませられる
읽다	読む	読ませる	読ませられる
이야기하다	話す	話させる	話させられる
쓰다	書く	書かせる	書かせられる
가다	行く	行かせる	行かせられる
만들다	作る	作らせる	作らせられる
타다	乗る	乗らせる	乗らせられる
돌아오다 (돌아가다)	帰る	帰らせる	帰らせられる
보다	見る	見させる	見させられる
먹다	食べる	食べさせる	食べさせられる
일어나다	起きる	起きさせる	起きさせられる
자다	寝る	寝させる	寝させられる
외우다, 기억하다	覚える	覚えさせる	覚えさせられる
오다	来る	来させる	来させられる
하다	する	させる	させられる

03 사역 표현

先生(せんせい)は 私(わたし)に 教室(きょうしつ)の 掃除(そうじ)を させました。

私(わたし)は 子供(こども)に 毎日(まいにち) 宿題(しゅくだい)を やらせます。

今日(きょう)から 学生(がくせい)たちに 単語(たんご)を 覚(おぼ)えさせようと 思(おも)います。

04 ～として ～으로서

うちの 猫(ねこ)も 家族(かぞく)の 一員(いちいん)として 大切(たいせつ)に されて います。

クラスの 代表(だいひょう)として 参加(さんか)しました。

この 文(ぶん)は 可能形(かのうけい)の 例文(れいぶん)として よく 使(つか)われます。

WORD

- **一員**(いち いん) 일원
- **大切**(たい せつ)**に** 소중하게
- **代表**(だい ひょう) 대표
- **参加**(さん か) 참가, 참석
- **文**(ぶん) 문장
- **可能形**(か のう けい) 가능형
- **例文**(れい ぶん) 예문
- **使**(つか)**われる** 사용되다

文法まとめ

05 ～までに　～까지

来週の 月曜日までに レポートを 提出して ください。

明日は 7時までに 学校へ 行かなければ なりません。

10日までに 報告書を 出して ください。

Tip

「までに」와 「まで」의 차이점에 대해 아래 예문으로 간단하게 설명하겠습니다.

3時まで 待って ください。　– ① 〈동작의 지속, 연속성〉

3時までに 来て ください。　– ② 〈정해진 기간, 한계〉

①번에서는 3시까지 쭉 기다려 달라는 의미이고, 2번에서는 3시 전까지는 와야 한다는 의미를 나타냅니다.

WORD

- レポート(report) 리포트
- 提出(ていしゅつ) 제출
- 報告書(ほうこくしょ) 보고서
- 出(だ)す 내다, 제출하다

06 ~たからには ~한 이상

約束(やくそく)したからには守(まも)らなければならない。

結婚(けっこん)したからには幸(しあわ)せに暮(く)らしたいです。

久(ひさ)しぶりに旅行(りょこう)に来(き)たからには楽(たの)しく遊(あそ)ぶつもりだ。

WORD

- 守(まも)る 지키다
- 暮(く)らす 지내다, 보내다
- 幸(しあわ)せに 행복하게
- 久(ひさ)しぶりに 오랜만에

話してみましょう

그림을 보고 예와 같이 말해 보세요.

1

예

彼女(かのじょ)・私(わたし)・待(ま)つ

→ 彼女(かのじょ)は 私(わたし)を 待(ま)たせました。

1

医者(いしゃ)・私(わたし)・入院(にゅういん)する

→ ______________________

______________________。

2

先生(せんせい)・三浦(みうら)さん・立(た)つ

→ ______________________

______________________。

3

部長(ぶちょう)・私(わたし)・遅(おそ)くまで 働(はたら)く

→ ______________________

______________________。

WORD

- 入院(にゅういん) 입원
- 立(た)つ 서다
- 遅(おそ)くまで 늦게까지
- 働(はたら)く 일하다

2

예

明日・クラスの 代表として 発表する

A : 明日、クラスの 代表として 発表させられます。

B : そうなんですか。

代表に なった からには 頑張って ください。

1

週末・忘年会で 歌う

A : ______________________________。

B : あ、本当? でも、君は 歌が 上手だから 大丈夫だよ。

2

昨日・先輩・お酒を 飲む

A : ______________________________。

B : それは 大変でしたね。

3

昨日・高橋さん・3時間も 待つ

A : ______________________________。

B : え? 3時間も? 何か あったんですか。

WORD

- 大変(たいへん)でしたね
  힘들었겠네요
- 何(なに)か あったんですか
  무슨 일 있었어요?

読んでみましょう

읽어 봅시다

1 다음 내용을 큰 소리로 천천히 읽어 보세요.

Track 57

私(わたし)たちは 小林先生(こばやしせんせい)に / 毎日(まいにち) 漢字(かんじ)を 10個(じゅっこ)ずつ 覚(おぼ)えさせられる。/

そして、その 漢字(かんじ)を 使(つか)って / 作文(さくぶん)を 書(か)かされる。/

先生(せんせい)は、毎週(まいしゅう) 木曜日(もくようび)に / その 作文(さくぶん)を みんなの 前(まえ)で 発表(はっぴょう)させる。/

だから、水曜日(すいようび)までに / 暗記(あんき)しなければ ならない。/

作文(さくぶん)を 書(か)くのは 好(す)きだけど、/ 人前(ひとまえ)で 発表(はっぴょう)するのは ストレスだ。/

2 다음 내용을 자신있게 읽어 보세요.

Track 58

私たちは小林先生に毎日漢字を10個ずつ覚えさせられる。

そして、その漢字を使って作文を書かされる 。

先生は、毎週木曜日にその作文をみんなの前で発表させる。

だから、水曜日までに暗記しなければならない。

作文を書くのは好きだけど、人前で発表するのはストレスだ。

WORD

- 10個(じゅっこ)ずつ 10개씩
- 覚(おぼ)えさせられる (어쩔 수 없이) 외우다
- 作文(さくぶん) 작문
- 発表(はっぴょう) 발표
- ～までに ~까지
- 暗記(あんき) 암기
- 人前(ひとまえ) 남의 앞, 사람들 앞
- ストレス(stress) 스트레스

書いてみましょう

써 봅시다

다음 예와 같이 일본어로 써 보세요.

예

母・にんじんを 食べる

→ 母は 私に にんじんを 食べさせました。

→ 私は 母に にんじんを 食べさせられました。

1

佐々木さん・雑誌を 買う

→ ______________________。

→ ______________________。

2

上司・残業を する

→ ______________________。

→ ______________________。

3

先生・漢字を 覚える

→ ______________________。

→ ______________________。

WORD

- にんじん 당근
- 雑誌(ざっし) 잡지
- 上司(じょうし) 상사
- 残業(ざんぎょう) 야근, 잔업

聞いてみましょう

들어 봅시다

A 잘 듣고 밑줄 친 부분에 써 보세요.

Track 59

1 来週の 水曜日＿＿＿＿＿ レポートを 提出して ください。

2 先生は 私に 毎日 漢字を ＿＿＿＿＿＿＿＿＿＿＿。

3 私は 母に にんじんを ＿＿＿＿＿＿＿＿＿＿＿。

B 그림을 보고 내용과 알맞은 번호를 고르세요.

1

정답 ① ② ③

2

정답 ① ② ③

漢字・カタカナ練習

한자 • 가타카나 연습

한 자 다음 한자를 읽고 따라 써 보세요.

표제자	보고 읽기	따라 쓰기	그림
表 걸 **표**	代表 だいひょう 대표	代表 だい ひょう	

보기 表現(ひょうげん) 표현, 表示(ひょうじ) 표시

표제자	보고 읽기	따라 쓰기	그림
勝 이길 **승**	優勝 ゆう しょう 우승	優勝 ゆう しょう	

보기 勝負(しょうぶ) 승부, 勝利(しょうり) 승리

표제자	보고 읽기	따라 쓰기	그림
提 끌 **제**	提出 てい しゅつ 제출	提出 てい しゅつ	

보기 提供(ていきょう) 제공, 提示(ていじ) 제시

가타카나 다음 가타카나를 읽고 따라 써 보세요.

단어	따라 쓰기	따라 쓰기	그림
スピーチ speech 스피치	スピーチ	スピーチ	
コンテスト contest 콘테스트	コンテスト	コンテスト	

会話復習

회화 복습

Track 60

다음의 『会話(かいわ)/회화』 스크립트를 보면서 복습해 보세요.

11과 パスポートはお持(も)ちでしょうか。

여권은 갖고 계십니까?

Track 61

필수 문장 익히기

トイレは どこですか。 화장실은 어디입니까?

あちらで ございます。 저쪽입니다.

KEY WORD

商品(しょうひん)
상품

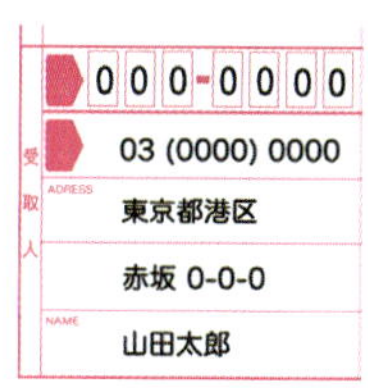

住所(じゅうしょ)
주소

朝食(ちょうしょく)
조식

試合(しあい)
시합

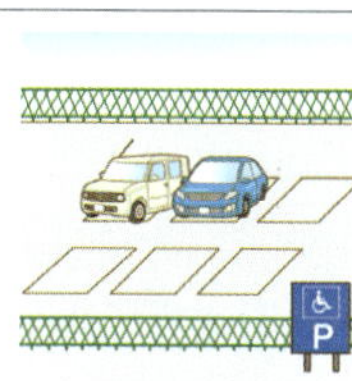

駐車場(ちゅうしゃじょう)
주차장

非常口(ひじょうぐち)
비상구

パスポート
여권

カード
카드

エレベーター
엘리베이터

会話

일본에 출장 온 회사원이 호텔 프런트에서 체크인을 하고 있습니다.

WORD

- チェックイン(check in) 체크인
- パスポート(passport) 여권
- お持(も)ちでしょうか 갖고 계십니까?
- ～で いらっしゃいますね ～이시군요
- 本日(ほんじつ) 오늘
- ２泊(にはく) 2박
- ～で よろしいでしょうか ～(으)로 괜찮으십니까?
- こちら 이쪽
- サイン(sign) 사인
- お願(ねが)いいたします 부탁드립니다
- ～で ございます ～입니다(정중한 표현)
- モーニングコール(morning call) 모닝콜
- 起(お)こす 깨우다
- ～て いただけますか ～해 주시겠습니까?
- かしこまりました 알겠습니다
- エレベーター(elevator) 엘리베이터

Track 62

オ　チェックインを お願(ねが)いします。

フロント　パスポートは お持(も)ちでしょうか。

オ　はい。

フロント　オ・ミンギュ様(さま)で いらっしゃいますね。

本日(ほんじつ)から 2泊(にはく)で よろしいでしょうか。

オ　はい。

フロント　こちらに サインを お願(ねが)いいたします。

お部屋(へや)は１２階(じゅうにかい)で ございます。

オ　すみませんが、明日(あした)の 朝(あさ)７時(しちじ)に モーニングコールで

起(お)こして いただけますか。

フロント　かしこまりました。

オ　あの、エレベーターは どこですか。

フロント　あちらで ございます。

Tip

접두어 「お」와 「ご」는 명사나 형용사 앞에 붙어서 공손한 표현으로 사용되기도 하고, 단어를 미화시킬 때 사용되기도 합니다. 고유 일본어 앞에는 일반적으로 「お」가 오고, 한자어 앞에는 「ご」가 오는데, 한자어 앞에도 「お」가 오는 예외적인 경우도 있습니다.

예 お名前(なまえ) 성함, 이름・お水(みず) 물・お金(かね) 돈・ご案内(あんない) 안내・お電話(でんわ) 전화 ……

文法まとめ

01 특별 존경어 · 특별 겸양어

	존경어 (상대를 높이는 말)	겸양어 (자신을 낮춰서 상대를 높이는 말)
いる 있다	いらっしゃる 계시다, 가시다 おいでになる 오시다	おる 있다
行(い)く 가다		まいる 가다
来(く)る 오다		
する 하다	なさる 하시다	いたす 해드리다
言(い)う 말하다	おっしゃる 말씀하시다	もうす 말씀드리다
見(み)る 보다	ご覧(らん)になる 보시다	拝見(はいけん)する 보다
食(た)べる 먹다	召(め)し上(あ)がる 드시다	いただく 먹다
もらう 받다		いただく 받다
くれる (상대가) 주다	くださる 주시다	
あげる (상대에게) 주다		さしあげる 드리다
聞(き)く 묻다		うかがう 여쭙다
たずねる 방문하다		うかがう 찾아뵙다
会(あ)う 만나다		お目(め)にかかる 뵙다
死(し)ぬ 죽다	お亡(な)くなりになる 돌아가시다	
寝(ね)る 자다	お休(やす)みになる 주무시다	
知(し)っている 알다	ご存(ぞん)じだ 아시다	存(ぞん)じている 알다
ある 있다		ござる 있다

いつも お世話(せわ)に なって おります。

どうぞ 召(め)し上(あ)がって ください。

昨日(きのう)の 野球(やきゅう)の 試合(しあい)、ご覧(らん)になりましたか。

WORD

- お世話(せわ)に なる 신세를 지다
- 試合(しあい) 시합

02 お + ます형 + ですか / でしょうか ~하십니까?

何(なに)か お探(さが)しですか。

本日(ほんじつ)から お泊(と)まりですか。

ポイントは ご利用(りよう)でしょうか。

03 いらっしゃる의 쓰임

もしもし、坂井(さかい)さん いらっしゃいますか。…… (계시다)

これから どちらへ いらっしゃいますか。…… (가시다)

日本(にほん)から いつ いらっしゃいますか。…… (오시다)

Tip

「いらっしゃる・なさる・おっしゃる・くださる・ござる」의 ます형은 예외로 사용되는데, u단이 i단으로 바뀌는 게 아니라 「い」로 바뀐다는 점에 주의하세요.

예 いらっしゃる → いらっしゃいます (O)
いらっしゃります (X)

→ なさいます・おっしゃいます・くださいます・ございます

WORD

- 探(さが)す 찾다
- 泊(と)まる 묵다, 숙박하다
- これから 이제부터, 앞으로
- 本日(ほんじつ) 오늘(今日(きょう)의 정중어)
- ポイント(point) 포인트
- 利用(りよう) 이용

文法まとめ

04 ~で いらっしゃいますか ~이십니까? (「~ですか」의 정중한 표현)
~で ございます ~입니다 (「~です」의 정중한 표현)

会社員(かいしゃいん)で いらっしゃいますか。

あの 方(かた)は 奥様(おくさま)で いらっしゃいますか。

こちらは 新商品(しんしょうひん)で ございます。

非常口(ひじょうぐち)は あちらで ございます。

05 ~て いただけますか ~해 주시겠습니까? (「~て もらえますか」의 겸손한 표현)

ちょっと 安(やす)く して いただけますか。

日本語(にほんご)で 説明(せつめい)して いただけますか。

メールで 資料(しりょう)を 送(おく)って いただけますか。

WORD

- 新商品(しん しょう ひん) 신상품
- 非常口(ひ じょう ぐち) 비상구
- 資料(し りょう) 자료
- 送(おく)る 보내다

* 표현 PLUS *

〈「お」와 「ご」를 사용한 표현〉

1) 접두어 「お」를 붙이는 경우

예 お名前(なまえ) 성함, 이름　　お話(はなし) 이야기　　お客(きゃく) 고객　　お上手(じょうず) 잘함, 능숙함 …

2) 접두어 「ご」를 붙이는 경우

예 ご住所(じゅうしょ) 주소　　ご利用(りよう) 이용　　ご到着(とうちゃく) 도착　　ご朝食(ちょうしょく) 조식
ご結婚(けっこん) 결혼　　ご連絡(れんらく) 연락　　ご親切(しんせつ) 친절함 …

3) 한자어지만, 「お」를 붙이는 경우

예 お電話(でんわ) 전화　　お宅(たく) 댁　　お食事(しょくじ) 식사　　お弁当(べんとう) 도시락 …

〈대표적인 정중체와 경어체 문장〉

정중체 문장	의미	경어체 문장	의미
ここです	여기입니다	こちらです こちらで ございます	이쪽입니다
いいです	좋습니다	よろしいですか よろしいでしょうか	좋으십니까?
どうですか	어떻습니까?	いかがですか いかがでしょうか	어떠십니까?
だれですか	누구입니까?	どなたですか どちらさまですか	누구십니까?
あります	있습니다	ございます	있습니다
ありません	없습니다	ございません	없습니다
わかりました	알겠습니다	かしこまりました	알겠습니다
すみません	죄송합니다	申(もう)し訳(わけ)ございません	죄송합니다

話してみましょう

그림을 보고 예와 같이 말해 보세요.

1

예

駐車場(ちゅうしゃじょう)・あちら

A : 駐車場(ちゅうしゃじょう)は どこですか。

B : あちらで ございます。…(1)

あちらに ございます。…(2)

1

非常口(ひじょうぐち)・こちら

A : 非常口(ひじょうぐち)は どこですか。

2

レストラン・一階(いっかい)

A : レストランは どこですか。

3

デパート・ホテルの 隣(となり)

A : デパートは どこですか。

WORD

- **~で ございます** ~입니다
- **~に ございます** ~에 있습니다
- **非常口**(ひ じょう ぐち) 비상구
- **隣**(となり) 옆, 이웃

2

예

ポイントカード・持つ

→ ポイントカードは お持ちですか。

ポイントカードは お持ちでしょうか。

1

何か探す

→ ＿＿＿＿＿＿＿＿＿＿＿＿＿＿＿＿。

＿＿＿＿＿＿＿＿＿＿＿＿＿＿＿＿。

2

出かける

→ ＿＿＿＿＿＿＿＿＿＿＿＿＿＿＿＿。

＿＿＿＿＿＿＿＿＿＿＿＿＿＿＿＿。

3

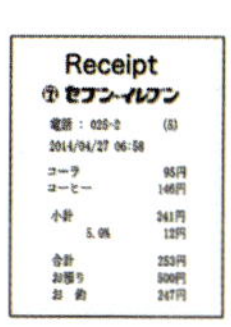

レシート・持つ

→ ＿＿＿＿＿＿＿＿＿＿＿＿＿＿＿＿。

＿＿＿＿＿＿＿＿＿＿＿＿＿＿＿＿。

WORD

- ポイントカード(point card) 포인드 카드
- 探(さが)す 찾다
- 出(で)かける 외출하다
- レシート(receipt) 영수증

読んでみましょう

읽어 봅시다

1 다음 내용을 큰 소리로 천천히 읽어 보세요.

Track 63

今日(きょう)は イギリスから / 取引先(とりひきさき)の 社長(しゃちょう)と 奥様(おくさま)が いらっしゃるので、/ 私(わたし)が 通訳(つうやく)する ことに なって いる。/ お二人(ふたり)は 午前(ごぜん) 11時(じゅういちじ)に ご到着(とうちゃく)なさるので、/ お食事(しょくじ)を 召(め)し上(あ)がった 後(あと)、/ 午後(ごご)は 工場(こうじょう)を ご覧(らん)になる 予定(よてい)だ。/ 週末(しゅうまつ)、社長(しゃちょう)は わが社(しゃ)の 社長(しゃちょう)と / ゴルフに いらっしゃるそうだ。/ 奥様(おくさま)は 観光(かんこう)が したいと / おっしゃって いたので、/ 今(いま) 携帯(けいたい)で 観光地(かんこうち)を 調(しら)べて いる 。/

2 다음 내용을 자신있게 읽어 보세요.

Track 64

今日はイギリスから取引先の社長と奥様がいらっしゃるので、
私が通訳することになっている。お二人は午前11時にご到着
なさるので、お食事を召し上がった後、午後は工場をご覧になる
予定だ。週末、社長はわが社の社長とゴルフにいらっしゃるそうだ。
奥様は観光がしたいとおっしゃっていたので、今携帯で観光地を
調べている。

WORD

- **イギリス** 영국
- **取引先**(とり ひき さき) 거래처
- **社長**(しゃ ちょう) 사장
- **奥様**(おく さま) 사모님
- **到着**(とう ちゃく) 도착
- **召(め)し上(あ)がる** 드시다
- **工場**(こう じょう) 공장
- **ご覧(らん)になる** 보시다
- **わが社(しゃ)** 우리 회사
- **ゴルフ**(golf) 골프
- **おっしゃる** 말씀하시다
- **携帯**(けい たい) 휴대전화
- **観光地**(かん こう ち) 관광지
- **調(しら)べる** 조사하다, 알아보다

書いてみましょう

써 봅시다

다음 예와 같이 일본어로 써 보세요.

예

いつ 日本(にほん)へ 行(い)きますか。

→ いつ 日本(にほん)へ いらっしゃいますか。

1

どうぞ 食(た)べて ください。

→ どうぞ ＿＿＿＿＿＿＿＿＿＿＿＿＿＿。

2

昨日(きのう)の サッカーの 試合(しあい)、見(み)ましたか。

→ 昨日(きのう)の サッカーの 試合(しあい)、＿＿＿＿＿＿＿＿。

3

大学院(だいがくいん)は いつ 卒業(そつぎょう)しますか。

→ 大学院(だいがくいん)は いつ 卒業(そつぎょう) ＿＿＿＿＿＿＿＿。

WORD

- サッカー(soccer) 축구
- 試合(しあい) 시합
- 大学院(だいがくいん) 대학원
- 卒業(そつぎょう) 졸업

聞いてみましょう

들어 봅시다

A 잘 듣고 밑줄 친 부분에 써 보세요.

Track 65

1. トイレは ＿＿＿＿＿＿ ですか。

2. エレベーターは あちらで ＿＿＿＿＿＿＿＿。

3. 8時(はちじ)に 起(お)こして ＿＿＿＿＿＿＿＿＿。

B 그림을 보고 내용과 알맞은 번호를 고르세요.

1.

정답 ① ② ③

2.

정답 ① ② ③

한 자 다음 한자를 읽고 따라 써 보세요.

商 장사 **상**	商品 しょうひん 상품	商品 しょうひん	

보기 商人(しょうにん) 상인, 商店(しょうてん) 상점

試 시험 **시**	試合 し あい 시합	試合 し あい	

보기 試験(しけん) 시험, 試食(ししょく) 시식

常 떳떳할 **상**	非常口 ひ じょう ぐち 비상구	非常口 ひ じょう ぐち	

보기 日常(にちじょう) 일상, 異常(いじょう) 이상

가타카나 다음 가타카나를 읽고 따라 써 보세요.

パスポート passport 여권	パスポート	パスポート	
カード card 카드	カード	カード	

会話復習

회화 복습

Track 66

다음의 『会話(かいわ)/회화』 스크립트를 보면서 복습해 보세요.

12과 すぐに お持(も)ちいたします。

바로 가져다 드리겠습니다.

Track 67

필수 문장 익히기

コーヒーと ジュースを お願(ねが)いします。 커피와 주스를 부탁합니다.

はい、かしこまりました。 少々(しょうしょう) お待(ま)ちください。
네, 알겠습니다. 잠시만 기다려 주십시오.

KEY WORD

 注文(ちゅうもん) 주문	 案内(あんない) 안내	 紅茶(こうちゃ) 홍차
 連絡(れんらく) 연락	 禁煙(きんえん) 금연	 担当者(たんとうしゃ) 담당자
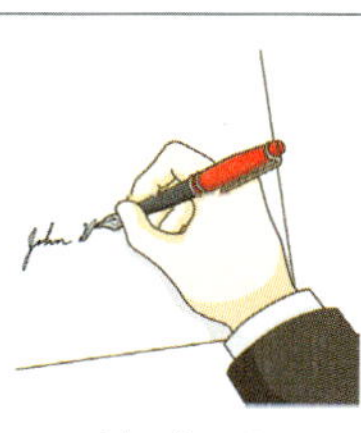 サイン 사인	 タオル 타월	 キー 열쇠, 키

会話

링이 친구와 함께 카페에 와서 메뉴를 주문하고 있습니다.

WORD

- スタッフ(staff) 스태프
- 何名様(なん めい さま) 몇 분
- ご案内(あん ない)いたします 안내해 드리겠습니다
- こちらへ どうぞ 이쪽으로 오세요
- 紅茶(こう ちゃ) 홍차
- 注文(ちゅう もん) 주문
- 以上(い じょう)で よろしいでしょうか 이걸로 괜찮으십니까?
- 少々(しょう しょう) 잠시
- お待(ま)ちください 기다려 주십시오
- しばらくして 잠시 후
- お待(ま)たせいたしました 오래 기다리셨습니다
- お水(みず) 물
- かしこまりました 알겠습니다
- すぐに 바로, 곧
- お持(も)ちいたします 가져다 드리겠습니다

Track 68

スタッフ　いらっしゃいませ。何名様(なんめいさま)ですか。

リン　二人(ふたり)です。

スタッフ　ご案内(あんない)いたします。こちらへ どうぞ。

(案内(あんない)する)

リン　すみません。紅茶(こうちゃ)と コーヒーを ください。

スタッフ　紅茶(こうちゃ)と コーヒーですね。

ご注文(ちゅうもん)は 以上(いじょう)で よろしいでしょうか。

リン　はい。

スタッフ　少々(しょうしょう) お待(ま)ちください。

(しばらくして)

スタッフ　お待(ま)たせいたしました。紅茶(こうちゃ)と コーヒーで ございます。

リン　あの、お水(みず)も お願(ねが)いします。

スタッフ　はい、かしこまりました。すぐに お持(も)ちいたします。

文法まとめ

01 존경어 공식

(お + ます형 / ご + 한자어) +	に なる / ください	~하시다 / ~해 주십시오

예

待(ま)つ 기다리다	お待(ま)ちになる	お待(ま)ちください
書(か)く 쓰다	お書(か)きになる	お書(か)きください
読(よ)む 읽다	お読(よ)みになる	お読(よ)みください
利用(りよう) 이용	ご利用(りよう)になる	ご利用(りよう)ください
説明(せつめい) 설명	ご説明(せつめい)になる	ご説明(せつめい)ください

佐藤(さとう)さんは いつ お戻(もど)りに なりますか。

新(あたら)しい カードは もう ご利用(りよう)に なりましたか。

乗(の)り換(か)えの 方(かた)は この 駅(えき)で お降(お)りください。

WORD

- 戻(もど)る 돌아오다
- 新(あたら)しい 새롭다
- 利用(りよう) 이용
- 乗(の)り換(か)え 환승, 갈아탐
- 方(かた) 분(人(ひと)의 높임말)
- 降(お)りる (교통수단에서) 내리다

02 겸양어 공식

(お + ます형 / ご + 한자어) + する / いたす	~해 드리다

예

願(ねが)う 부탁하다	お願(ねが)いする お願(ねが)いいたす	お願(ねが)いします お願(ねが)いいたします
持(も)つ 들다, 갖다	お持(も)ちする お持(も)ちいたす	お持(も)ちします お持(も)ちいたします
連絡(れんらく) 연락	ご連絡(れんらく)する ご連絡(れんらく)いたす	ご連絡(れんらく)します ご連絡(れんらく)いたします
案内(あんない) 안내	ご案内(あんない)する ご案内(あんない)いたす	ご案内(あんない)します ご案内(あんない)いたします

今(いま)すぐ お調(しら)べします(いたします)。

担当者(たんとうしゃ)を お呼(よ)びします(いたします)。

お部屋(へや)まで ご案内(あんない)します(いたします)。

Tip 겸양어 공식에 대입해서 경어를 표현할 때, 「する」와 「いたす」 둘 중에 한 가지를 쓰면 되는데, 서비스 현장에서는 「します」보다는 「いたします」를 사용하여 좀 더 정중하게 말합니다.

WORD

- 今(いま)すぐ 지금 바로
- 調(しら)べる 조사하다, 알아보다
- 担当者(たんとうしゃ) 담당자
- 呼(よ)ぶ 부르다
- 案内(あんない) 안내

話してみましょう

그림을 보고 예와 같이 말해 보세요.

1

예

すぐに 持(も)つ

A：トイレに タオルが ないんですが……。

B：すぐに お持(も)ちいたします。

1

つなぐ

A：もしもし、中山(なかやま)さんを お願(ねが)いします。

2

案内(あんない)する

A：禁煙席(きんえんせき)で お願(ねが)いします。

3

確認(かくにん)する

A：7時(しちじ)に 予約(よやく)したんですけど……。

WORD

- **タオル**(towel) 타월, 수건
- **禁煙席**(きんえんせき) 금연석
- **予約**(よやく) 예약
- **つなぐ** 연결하다
- **確認**(かくにん) 확인

2

예

少々(しょうしょう) 待(ま)つ

A : もしもし、中山(なかやま)さんを お願(ねが)いします。

B : 少々(しょうしょう) お待(ま)ちください。

1

こちらで 乗(の)る

A : 12階(じゅうにかい)は どの エレベーターに 乗(の)れば いいですか。

2

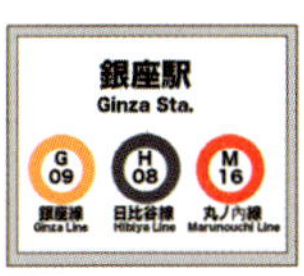

銀座駅(ぎんざえき)で 乗(の)り換(か)える

A : 新橋駅(しんばしえき)へ 行(い)きたいんですが、
どこで 乗(の)り換(か)えれば いいですか。

3

フロントに 預(あず)ける

A : キーは どこに 預(あず)けますか。

WORD

- 少々(しょう しょう) 잠시만
- 預(あず)ける 맡기다
- キー(key) 열쇠, 키
- 乗(の)り換(か)える 갈아타다
- フロント(front) 프런트

読んでみましょう

읽어 봅시다

1 다음 내용을 큰 소리로 천천히 읽어 보세요.

Track 69

森先生へ /

お元気ですか。キム・セミンです。/私が 韓国に 戻って、半年が

経ちました。/日本での 生活は 大変でしたが、/先生の おかげで

日本語が 上手に なりました。/ありがとうございます。/

時々、留学時代の ことが 思い出されます。/韓国に いらっしゃる

際には、ぜひ ご連絡ください。/私が ご案内いたします。/

それでは。お元気で。/ キム・セミンより /

2 다음 내용을 자신있게 읽어 보세요.

Track 70

森先生へ

お元気ですか。キム・セミンです。私が韓国に戻って、半年が
経ちました。日本での生活は大変でしたが、先生のおかげで
日本語が上手になりました。ありがとうございます。
時々、留学時代のことが思い出されます。韓国にいらっしゃる
際には、ぜひご連絡ください。私がご案内いたします。
それでは。お元気で。 キム・セミンより

WORD

- お元気(げんき)ですか 잘 지내십니까?
- 戻(もど)る 돌아오다
- 半年(はんとし) 반년
- 経(た)つ 지나다, 흐르다
- 生活(せいかつ) 생활
- 명사 + のおかげで ~덕분에
- 時々(ときどき) 종종, 때때로
- 思(おも)い出(だ)される 떠오르다, 생각나다
- ～際(さい)には ~할 때에는
- ぜひ 꼭
- 連絡(れんらく) 연락
- 案内(あんない) 안내
- お元気(げんき)で 건강하시길

書いてみましょう

써 봅시다

다음 예와 같이 일본어로 써 보세요.

1

예

案内(あんない)

→ ご案内(あんない)ください。

→ ご案内(あんない)いたします。

1

連絡(れんらく)

→ ________________。

→ ________________。

2

説明(せつめい)

→ ________________。

→ ________________。

3

電話(でんわ)

→ ________________。

→ ________________。

WORD

- 説明(せつ めい) 설명

書いてみましょう

2

예

持(も)つ

→ お持(も)ちください。

→ お持(も)ちいたします。

1

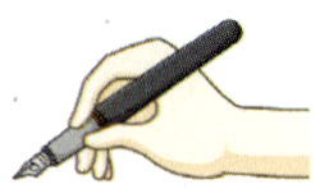

書(か)く

→ ＿＿＿＿＿＿＿＿＿＿＿＿＿＿＿＿。

→ ＿＿＿＿＿＿＿＿＿＿＿＿＿＿＿＿。

2

預(あず)かる

→ ＿＿＿＿＿＿＿＿＿＿＿＿＿＿＿＿。

→ ＿＿＿＿＿＿＿＿＿＿＿＿＿＿＿＿。

3

調(しら)べる

→ ＿＿＿＿＿＿＿＿＿＿＿＿＿＿＿＿。

→ ＿＿＿＿＿＿＿＿＿＿＿＿＿＿＿＿。

WORD

- 預(あず)かる 맡다, 보관하다
- 調(しら)べる 조사하다, 알아보다

＊ 표현 PLUS ＊ 서비스 현장에서 바로 쓸 수 있는 경어 표현

1. いらっしゃいませ。 어서 오세요.

2. 何名様(なんめいさま)でしょうか。 몇 분이십니까?

3. こちらへ どうぞ 。 이쪽으로 오세요.

4. お決(き)まりでしたら お呼(よ)びください。
   (메뉴) 결정하시면 불러 주세요.

5. ご案内(あんない)いたします。 안내해 드리겠습니다.

6. 禁煙席(きんえんせき)と 喫煙席(きつえんせき)と どちらが よろしいですか。
   금연석과 흡연석 중 어느 쪽이 좋으십니까?

7. 以上(いじょう)で よろしいでしょうか。 이것으로 괜찮으십니까?

8. かしこまりました。 알겠습니다.

9. 少々(しょうしょう) お待(ま)ちください。 잠시만 기다려 주십시오.

10. お待(ま)たせいたしました。 오래 기다리셨습니다.

11. お飲(の)み物(もの)は 何(なに)に なさいますか。
    음료는 무엇으로 하시겠습니까?

12. 1万円(いちまんえん) お預(あず)かりいたします。 만 엔 받았습니다.

13. こちらに サインを お願(ねが)いいたします。
    이쪽에 사인 부탁드립니다.

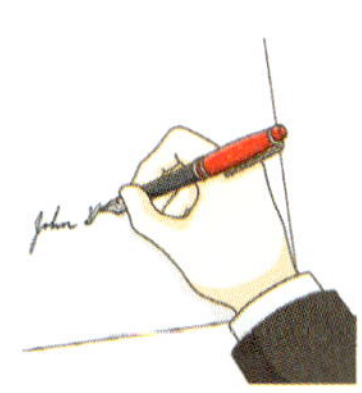

14. カードと レシートで ございます。 카드와 영수증입니다.

15. ご利用(りよう)、ありがとうございました。 이용해 주셔서 감사합니다.

16. また お越(こ)しください。 또 오십시오.

聞いてみましょう

들어 봅시다

A 잘 듣고 밑줄 친 부분에 써 보세요.

Track 71

1 少々(しょうしょう) ＿＿＿＿＿＿＿＿＿＿＿＿。

2 こちらへ どうぞ。ご案内(あんない) ＿＿＿＿＿＿＿＿＿＿。

3 すぐに ＿＿＿＿＿＿＿＿＿＿＿＿。

B 그림을 보고 내용과 알맞은 번호를 고르세요.

1

정답 ① ② ③

2

정답 ① ② ③

漢字・カタカナ練習

한자 · 가타카나 연습

한 자 다음 한자를 읽고 따라 써 보세요.

紅 붉을 **홍**	紅茶 こうちゃ 홍차	紅茶 こうちゃ	

보기 紅葉(こうよう) 단풍, 紅白(こうはく) 홍백

煙 연기 **연**	禁煙 きんえん 금연	禁煙 きんえん	

보기 喫煙(きつえん) 흡연, 煙突(えんとつ) 굴뚝

担 멜 **담**	担当者 たんとうしゃ 담당자	担当者 たんとうしゃ	

보기 担任(たんにん) 담임, 負担(ふたん) 부담

가타카나 다음 가타카나를 읽고 따라 써 보세요.

サイン sign 사인	サイン	サイン	

タオル towel 타월	タオル	タオル	

Track 72

다음의『会話(かいわ)/회화』스크립트를 보면서 복습해 보세요.

부록

회화, 읽어 봅시다 해석

써 봅시다, 들어 봅시다 정답

1과

회화

선생님　김 씨, 시험 공부는 잘 되고 있나요?
김　아니요, 한자가 너무 많아서…….
30페이지의 한자는 외우지 않아도 되죠?
선생님　네. 하지만 문법은 외우지 않으면 안 돼요.
김　선생님, 어려운 문제는 내지 마세요.
선생님　그렇게 어렵지 않아요.
김　그렇지만 역시 걱정되니까, 오늘 밤 밤샐 거예요.
선생님　엣! 밤샘? 너무 무리하지 않는 편이 좋아요.

읽어 봅시다

수요일은 한국에 있는 어머니의 생신이다.
그래서, 선물을 사서 우체국에 갔다.
소포는 수요일에는 도착하지 않으면 안 된다.
오늘은 월요일이라서 보통우편으로 보내지 않는 편이 낫다고 생각했다. 결국 EMS로 보냈는데, 요금이 너무 비싸서 깜짝 놀랐다.

2과

회화

칭　내일은 다니엘 씨의 생일이라서 다니엘 씨의 집에서 파티를 한다고 해요.
이　우와~, 재미있을 것 같네요. 저도 가고 싶어요.
칭　그럼, 함께 갈래요?
이　네, 꼭이요.
그런데, 선물은 무엇을 살 생각이에요?
칭　저는 모자를 사려고 해요.
이　그럼, 저는 화장품으로 할게요.
칭　엣? 남자에게 화장품이요?
이　네, 요즘은 남자도 피부 케어를 해요.

읽어 봅시다

7월 1일 월요일. 이번 주 날씨입니다.
지난주 금요일부터 강한 비와 바람이 계속되고 있습니다만, 내일 저녁 무렵부터 약해질 것 같습니다.
수요일은 오전 내내 흐리지만, 오후부터는 맑아질 것 같습니다. 목요일 저녁부터는 비가 내리기 시작해서 일요일까지 계속되겠습니다.

3과

회화

하루카　야다 씨, 아직 안 오네.
준　아까 전화가 왔는데, 8시 55분에 도착한대.
하루카　에? 출발은 9시인데, 야다 씨는 항상 빠듯하게 와.
준　하지만, 지금 교통사고로 길이 막히고 있대.
하루카　에, 또? 얼마 전에도 교통사고로 늦었잖아.
믿을 수 없어!
준　55분에 도착해도 열차를 못 탈지도 몰라.
플랫폼까지 뛰지 않으면 안 돼.

읽어 봅시다

지난주 토요일에 요시다 씨가 교통사고로 입원했다고 한다.
그래서 오늘 일이 끝나고 나서 문병하러 갔다.
사토 씨는 출장 중이라서 유감스럽게도 못 갔다.
침대 위에 있는 요시다 씨는 생각보다 건강해 보였다.
하지만, 사고는 언제든지 일어난다. 나도 조심해야겠다고 생각했다.

4과

회화

김　우와~, 여기 마치 유럽 같네요.
야마시타　그렇네요. 관광객한테도 꽤 인기가 있는 것 같아요.
김　여기 에비스는 맥주도 유명한 것 같아요.
야마시타　네. 옛날, 여기에 맥주 공장이 있었다고 해요.
김　그럼, 지금부터 한 잔 어때요?
야마시타　에? 아직 점심이에요.
김　한 잔 정도는 괜찮잖아요.
야마시타　그건 그렇지만, 밤에도 친구와 술을 마시기로 했거든요.
김　에~, 그래요? 그럼,
한 잔만.
정말 한 잔만 마셔요.

읽어 봅시다

우에다 선배는 우리 학교에서 가장 인기 있는 사람이다.
선배는 가수처럼 노래도 잘하고, 성적도 좋고, 남자답기 때문에 나는 그(선배)를 정말 좋아한다.
하지만, 우리 반 리에도 선배에게 마음이 있는 것 같다.
두 사람은 내일 영화를 보기로 한 것 같다. 아~ 어떻게 하지?

5과

회화

다니엘	만약 복권에 당첨된다면 무엇을 하고 싶나요?
링	글쎄요. 저는 세계여행을 하고 싶어요. 절반은 여행하고, 나머지는 장래를 위해 저금할 거예요. 다니엘 씨는요?
다니엘	저는 전부 기부할 거예요.
링	엣? 정말이에요? 돈은 많이 있으면 있을수록 좋잖아요.
다니엘	뭐, 그건 그렇지만……. 인생은 돈이 전부가 아니니까요.

읽어 봅시다

요즘 나는 인터넷이랑 부동산에서 새 방(집)을 찾고 있었다.
지금 살고 있는 곳은 집세는 싸지만, 역에서 멀다.
그래서, 새 방(집)은 역에서 가까우면 가까울수록 좋다고 생각한다.
오늘 아침 부동산에 갔더니, 딱 좋은 방(집)이 있었다.
계약이 끝나면 빨리 이사하고 싶다(고 생각한다).

6과

회화

김	저, 실례합니다. 이 근처에 주유소가 있습니까?
통행인	주유소라면 공원 옆에 있어요.
김	공원은 여기서 어떻게 가면 되나요?
통행인	이 길을 곧장 가면 다리가 보여요. 그 다리를 건너서 오른쪽으로 돌면 공원이 있습니다.
김	네.
통행인	주유소는 공원을 지나면 바로예요.
김	정말 감사합니다.

읽어 봅시다

나는 학교 친구와 네 명이서 오키나와에 놀러 왔다.
오키나와는 차가 없으면 불편하기 때문에, 렌터카를 빌리기로 했다.
바다는 어디나 참 예뻤고, 음식도 맛있었다.
여러 곳에 갔는데, 이번에는 시간이 없어서 수리성에는 못 갈지도 모른다.
다시 오키나와에 온다면 수리성에 가 보고 싶다.

7과

회화

다니엘	김 씨가 다음 달 한국으로 돌아간다던데?
이	아, 정말이에요? 그럼, 송별회를 해요.
다니엘	응, 뭔가 선물도 줘야겠어.
이	그렇네요. 손목시계 같은 건 어때요?
다니엘	글쎄. 하지만, 일본에서의 일을 잊지 않도록 일본다운 것이 좋지 않을까? 유카타라든가 기모노라든가.
이	앗, 괜찮네요. 그렇지만, 기모노는 비싸요.
다니엘	그러면 유카타로 할까? 싸게 파는 곳을 알고 있어.
이	그럼, 가게가 어디에 있는지 가르쳐 주실래요? 제가 갔다 올 테니까요.

읽어 봅시다

어제는 우리 부부의 세 번째 결혼기념일이었다.
일을 끝내고 나서, 처음 만난 공원에서 만나기로 했다.
그리고, 예약한 레스토랑에 갔다.
나는 선물로(서) 남편에게 넥타이를 줬다.
남편으로부터는 꽃다발과 반지를 받았다.
게다가 남편은 나를 위해서 피아노를 치면서 노래를 불러 주었다. 정말 감동했다.

8과

회화

이	칭 씨, 저 전단지 좀 보세요.
칭	'매주 수요일은 포인트 5배 데이'라고 써 있어요.
이	포인트가 5배나 쌓이는 건 이득이네요.
칭	포인트는 현금처럼 쓸 수 있다고 하던데요?

이　　그래요? 하지만, 저는 포인트 카드를 갖고 있지 않아요.
칭　　그럼, 오늘 만들어 두는 게 어때요?
이　　그렇게 할게요. 아, 저기에 많은 사람이 줄 서 있네요.
칭　　뭔가 이벤트를 하고 있는 것 같아요.
　　　가 볼까요?

읽어 봅시다

내일, 회사에서 신입사원 연수가 있기 때문에
오늘 중으로 자료를 복사해 두지 않으면 안 된다.
하지만, 복사기가 고장 나서 전원이 안 들어온다.
복사기를 고치기까지 아직 시간이 걸릴 것 같다.

9과

회화

야마시타　지난주 토요일에 KJ 콘서트에 갔다 왔어요.
김　　　　와, 부러워요. 어땠어요?
야마시타　그게……, 사람이 너무 많아서 발은 밟히고, 콘서트 상품을 사려고 했더니 지갑이 없고…….
김　　　　정말 큰일이었네요.
야마시타　네.
　　　　　게다가 돌아오는 도중에 비를 맞아서 옷이 젖어버렸어요.
김　　　　운이 없었네요.
　　　　　그래서, 지갑은 찾았어요?
야마시타　아니요, 도둑맞은 것 같아요.

읽어 봅시다

오늘 부장님에게 프레젠테이션 준비를 부탁 받았다.
가능한 한 빨리 해 줬으면 좋겠다고 했기 때문에,
친구에게 권유 받은 영화도 거절하고 혼자서 야근했다.
드디어 일이 끝나고 막차를 타려고 했더니,
눈 앞에서 문이 닫혀서 전철이 가 버렸다.
그래서 어쩔 수 없이 택시로 돌아왔다.

10과

회화

칭　　다음 달 스피치 콘테스트에 학급 대표로서 나가게 되었어.
이　　엣! 정말이에요? 축하해요.
칭　　아니, 전혀 기쁘지 않아. 나는 사람들 앞에서 말하는 게 자신이 없으니까.
이　　그럼, 왜 학급 대표가 된 거예요?
칭　　선생님이 성적이 가장 좋은 사람에게 시켜야겠다고 하셔서.
　　　다음 주 월요일까지 원고를 쓰지 않으면 안 돼.
이　　하지만, 우승하면 뭔가 받을 수 있잖아요.
칭　　응, 상금을 받을 수 있대.
　　　어쨌든 맡은 이상 열심히 해 볼 거야.

읽어 봅시다

우리들은 고바야시 선생님에게 매일 한자를 10개씩 (어쩔 수 없이) 외운다.
그리고, 그 한자를 사용해서 작문을 (어쩔 수 없이) 쓴다. 선생님은 매주 목요일에 그 작문을 모두의 앞에서 발표 시킨다.
그래서, 수요일까지 암기하지 않으면 안 된다.
작문을 쓰는 것은 좋아하지만, 사람들 앞에서 발표하는 것은 스트레스다.

11과

회화

오　　체크인 부탁 드립니다.
직원　여권은 갖고 계십니까?
오　　네.
직원　오민규 님이시군요.
　　　오늘부터 2박 맞으십니까?
오　　네.
직원　이쪽에 사인을 부탁 드립니다.
　　　방은 12층입니다.
오　　죄송합니다만, 내일 아침 7시에 모닝콜로 깨워 주시겠습니까?
직원　알겠습니다.
오　　저, 엘리베이터는 어디입니까?
직원　저쪽입니다.

읽어 봅시다

오늘은 영국에서 거래처 사장님과 사모님이 오시기 때

문에, 내가 통역하기로 되어 있다. 두 분은 오전 11시에 도착하시기 때문에 식사를 드신 후, 오후에는 공장을 둘러볼 예정이다.
주말에 사장님은 우리 회사 사장님과 골프를 치러 가신다고 한다.
사모님은 관광하고 싶다고 말씀하셨기 때문에, 지금 휴대전화로 관광지를 알아보고 있다.

12과

회화

직원 어서 오십시오. 몇 분이십니까?
링 두 명입니다.
직원 안내해 드리겠습니다. 이쪽으로 오십시오.
(안내하다)
링 저기요. 홍차와 커피 주세요.
직원 홍차와 커피 말씀이십니까.
주문은 이상 맞으십니까?
링 네.
직원 잠시만 기다려 주십시오.
(잠시 후)
직원 오래 기다리셨습니다. 홍차와 커피입니다.
링 저, 물도 부탁합니다.
직원 네, 알겠습니다. 바로 가져다 드리겠습니다.

읽어 봅시다

모리 선생님께
잘 지내십니까? 김세민입니다. 제가 한국에 돌아온 지 반년이 지났습니다.
일본에서의 생활은 힘들었지만, 선생님 덕분에 일본어를 잘하게 되었습니다.
감사합니다. 때때로 유학시절 (일들)이 떠오릅니다.
한국에 오실 때에는 꼭 연락해 주세요. 제가 안내해 드리겠습니다. 그럼, 건강하시길 (바라요).

김세민으로부터

書いてみましょう, 聞いてみましょう

1과

써 봅시다

1 ① 会社(かいしゃ)を やめないで ください
② 会社(かいしゃ)を やめない 方(ほう)が いいです
③ 会社(かいしゃ)を やめなければ なりません
④ 会社(かいしゃ)を やめなくても いいです

2 ① タクシーに 乗(の)らないで ください
② タクシーに 乗(の)らない 方(ほう)が いいです
③ タクシーに 乗(の)らなければ なりません
④ タクシーに 乗(の)らなくても いいです

3 ① 日本語(にほんご)で 発表(はっぴょう)しないで ください
② 日本語(にほんご)で 発表(はっぴょう)しない 方(ほう)が いいです
③ 日本語(にほんご)で 発表(はっぴょう)しなければ なりません
④ 日本語(にほんご)で 発表(はっぴょう)しなくても いいです

들어 봅시다

A

1 覚(おぼ)えなければ

2 行かなくても

3 しない

해석

1 한자를 외워야 합니다.

2 내일은 회사에 안 가도 됩니다.

3 사토 씨에게 전화하지 않는 게 좋습니다.

B

1 ②

스크립트

A：会社(かいしゃ)で 女(おんな)の 人(ひと)は スカートを 履(は)かなければ なりませんか。

B：① はい、スカートを 履(は)かない 方(ほう)が いいです。
② はい、スカートを 履(は)かなければ なりません。
③ はい、ズボンを 履(は)いても いいです。

해석

A : 회사에서 여성은 치마를 입어야 합니까?

B : ① 네, 치마를 입지 않는 게 좋습니다.
② 네, 치마를 입어야 합니다.
③ 네, 바지를 입어도 됩니다.

2 ③

스크립트

A：先生(せんせい)、ビールを 飲(の)んでも いいですか。

B：① はい、飲(の)まなくても いいです。
② いいえ、飲(の)んでも いいです。
③ あまり 飲(の)みすぎないで ください。

해석

A : 선생님, 맥주를 마셔도 됩니까?

B : ① 네, 안 마셔도 좋습니다.
② 아니요, 마셔도 됩니다.
③ 너무 마시지 마세요.

2과

써 봅시다

1

1 ① 高(たか)いそうです

② 高そうです

2 ① 簡単だそうです

② 簡単そうです

3 ① いいそうです(よいそうです)

② よさそうです

2

1 ① 7時に 友達に 会おう

② 7時に 友達に 会おうと 思います

2 ① 今日は 焼き肉を 食べよう

② 今日は 焼き肉を 食べようと 思います

3 ① 中国へ 行って 来よう

② 中国へ 行って 来ようと 思います

들어 봅시다

A

1 降るそうです

2 おいしそう

3 行こう

해석

1 일기예보에 의하면 내일은 비가 내린다고 합니다.

2 이 요리, 맛있겠네요.

3 지금 선물을 사러 가려고 합니다.

B

1 ③

스크립트

A：メニューは 何に しますか。

B：① この 牛丼は おいしそうですね。
いただきます。

② 私は 牛丼を 食べに 行きました。

③ 私は 牛丼に します。

해석

A : 메뉴는 뭘로 하실래요?

B : ① 이 규동은 맛있겠네요. 잘 먹겠습니다.

② 저는 규동을 먹으러 갔습니다.

③ 저는 규동으로 하겠습니다.

2 ①

스크립트

男の 人と 女の 人が 話して います。
女の 人は 日曜日に 何を しますか。

A：日曜日は 何する？ 一緒に 映画を 見に 行かない？

B：見に 行きたいんだけど、月曜日に 試験が あるから 勉強しようと 思ってるの。

A：じゃ、映画を 見てから 勉強したら どう？とても おもしろそうだよ。

B：本当？どう しようかな。
うん、そう しよう。

女の 人は 日曜日に 何を しますか。

① 男の 人と 映画を 見ます。

② 男の 人と 勉強を します。

③ 男の 人と 勉強して から 映画を 見に 行きます。

해석

남자와 여자가 이야기하고 있습니다.
여자는 일요일에 무엇을 합니까?

A : 일요일은 뭐 해? 같이 영화를 보러 가지 않을래?

B : 보러 가고 싶은데, 월요일에 시험이 있어서 공부하려고 해.

A : 그럼, 영화를 보고 나서 공부하면 어때? 아주 재미있을 것 같은데.

B： 정말? 어떻게 하지.
 응, 그렇게 하자.

여자는 일요일에 무엇을 합니까?

① 남자와 영화를 봅니다.
② 남자와 공부를 합니다.
③ 남자와 공부를 하고 나서 영화를 보러 갑니다.

3과

써 봅시다

1 ① 自転車が 乗れる
② 自転車が 乗れるんです
③ 自転車が 乗れない
④ 自転車が 乗れないんです

2 ① 早く 起きられる
② 早く 起きられるんです
③ 早く 起きられない
④ 早く 起きられないんです

3 ① 水泳が できる
② 水泳が できるんです
③ 水泳が できない
④ 水泳が できないんです

들어 봅시다

A

1 読めない

2 できないんです

3 んだって

해석

1 히라가나는 읽을 수 있지만, 가타카나는 못 읽어요.
2 실은 저, 운전 못 합니다.
3 일요일에 모리 선생님이 결혼한대.

B

1 ②

스크립트

A：リンさんは 泳げますか。

B：① 私は 友達と 海へ 行こうと 思って いるんです。
② いいえ、泳げないんです。
③ 今日 プールへ 泳ぎに 行かなきゃ。

해석

A： 링 씨는 수영할 수 있습니까?

B： ① 저는 친구와 바다에 가려고 하는데요.
② 아니요, 수영 못 하는데요.
③ 오늘 수영장에 수영하러 가야 돼.

2 ②

스크립트

男の 人と 女の 人が 話して います。
女の 人は 水曜日に 何を しますか。

A：水曜日は 何する？ KJの コンサートの チケットが 2枚 あるんだけど……。

B：え～、本当？
でも、友達が 入院して いるから
お見舞いに 行こうと 思って いるの。

A：あ、そうなんだ。

B：うん、ちょっと 待って。
　コンサートは 水曜日にしか 行けない
　から、お見舞いは 木曜日に しよう。

女の 人は 水曜日に 何を しますか。

① お見舞いに 行きます。

② コンサートへ 行きます。

③ チケットを 買います。

해석

남자와 여자가 이야기하고 있습니다.
여자는 수요일에 무엇을 합니까?

A：수요일에 뭐해? KJ의 콘서트 티켓이 두 장 있는데…….
B：에~, 정말?
　하지만, 친구가 입원해서 문병하러 가려고 해.
A：어, 그래?
B：응, 잠깐만.
　콘서트는 수요일밖에 못 가니까, 문병은 목요일에 하자.

여자는 수요일에 무엇을 합니까?

① 문병하러 갑니다.
② 콘서트에 갑니다.
③ 티켓을 삽니다.

4과

써 봅시다

1 花屋が ないようです
　花屋が ないらしいです

2 サッカーが 上手なようです
　サッカーが 上手らしいです

3 練習しているようです
　練習しているらしいです

들어 봅시다

A

1 ようです

2 おいしいらしい

3 女らしい

해석

1 내일은 비가 올 것 같아요.

2 이 가게는 맛있는 것 같아. 항상 사람이 많으니까.

3 나는 상냥하고 여자다운 타입이 좋습니다.

B

1 ③

스크립트

男の人と 女の人が 話して います。
二人は 何を 買う ことに しましたか。

A：ヤンさんの プレゼントは どれが いいでしょうか。

B：これは どう？

A：かわいい～。この皿、まるで 花みたいですね。
　でも、ヤンさんは 男の 人だから、花は ちょっと……。

B：じゃ、この 時計は？

A：それも いいですけど、ヤンさんは 野球が 好きらしいですよ。

B：そう？ じゃ、これに しようか。

A：いいですね。

二人は 何を 買う ことに しましたか。

해석

남자와 여자가 이야기하고 있습니다.
두 사람은 무엇을 사기로 했습니까?

A: 양 씨 선물은 어느 게 좋을까요?
B: 이건 어때?
A: 귀엽다~. 이 접시, 마치 꽃 같네요.
하지만, 양 씨는 남자니까 꽃은 좀…….
B: 그럼, 이 시계는?
A: 그것도 좋지만, 양 씨는 야구를 좋아하는 것 같아요.
B: 그래? 그럼, 이것을 할까?
A: 좋네요.

두 사람은 무엇을 사기로 했습니까?

2 ②

스크립트

男の 人と 女の 人が 卒業アルバムを 見て います。小林さんは どの人ですか。

A：小林さんは 学校で けっこう 人気が あったらしいね。
B：うん、うちの 学校で 一番の 人気者だったよ。
A：小林さんは やっぱり 背が 高くて 男らしいね。
B：え？男らしい？小林さんは 女の 人だよ。
A：あ～、この 人! 女らしくて かわいい 人だね。

小林さんは どの人ですか。

해석

남자와 여자가 졸업 앨범을 보고 있습니다.
고바야시 씨는 어느 사람입니까?

A : 고바야시 씨는 학교에서 꽤 인기가 있었다고 하네.
B : 응, 우리 학교에서 제일 인기 있는 사람이었어.
A : 고바야시 씨는 역시 키가 크고 남자답네.
B : 에? 남자다워? 고바야시 씨는 여자야.
A : 아~, 이 사람! 여자답고 귀여운 사람이네.

고바야시 씨는 어느 사람입니까?

5과

써 봅시다

1 新鮮ならば 新鮮なほど

2 古ければ 古いほど

3 読めば 読むほど

4 食べれば 食べるほど

들어 봅시다

A

1 ために

2 行けば

3 見れば 見るほど

해석

1 가족을 위해서 일하고 있습니다.

2 역까지 어떻게 가면 좋습니까?

3 이 드라마는 보면 볼수록 재미있네요.

B

1 ③

스크립트

A : もし 100万円が できたら 何が したいですか。

B : ① お金は たくさん あれば あるほど いいですね。

② 私も 宝くじを 買って みようと 思います。

③ 留学の ために 貯金したいです。

해석

A : 만약 백만 엔이 생기면 무엇을 하고 싶습니까?

B : ① 돈은 많이 있으면 있을수록 좋네요.

② 저도 복권을 사 볼까 합니다.

③ 유학을 위해서 저금하고 싶습니다.

2 ①

스크립트

女の 人が 新しい 部屋を 探して います。
女の 人は どの 部屋を 見る ことに しましたか。

A : あの、駅から 近ければ 近いほどいいんですけど、どこか いい ところありますか。

B : 駅から 歩いて 5分の ところが ありますが、家賃は 少し 高いです。

A : もっと 安い 部屋は ありませんか。

B : うーん、駅から 歩いて ２０分の 所も あります。
家賃は ここより 1万円ぐらい 安いです。

A : じゃ、少し 高くても ここを 見せて ください。

女の 人は どの 部屋を 見る ことに しましたか。

① 駅から 近い 部屋を 見る ことに しました。

② 家賃が 安い 部屋を 見る ことに しました。

③ 駅から 遠い 部屋を 見る ことに しました。

해석

여자가 새로운 방을 찾고 있습니다. 여자는 어떤 방을 보기로 했습니까?

A : 저기, 역에서 가까우면 가까울수록 좋은데, 어디 좋은 곳 있습니까?

B : 역에서 걸어서 5분 걸리는 곳이 있지만, 집세는 조금 비쌉니다.

A : 더 싼 방은 없습니까?

B : 음, 역에서 걸어서 20분 걸리는 곳도 있습니다. 집세는 여기보다 1만 엔 정도 쌉니다.

A : 그럼, 조금 비싸더라도 여기를 보여 주세요.

여자는 어느 방을 보기로 했습니까?

① 역에서 가까운 방을 보기로 했습니다.

② 집세가 싼 방을 보기로 했습니다.

③ 역에서 먼 방을 보기로 했습니다.

6과

써 봅시다

1 ① 1に 2を 足すと 3に なります

② この 道を まっすぐ 行くと 花屋が 見えます

③ お金を 入れると 切符が 出ます

2 ① 土曜日なら 結婚式に 行けます

② 頭が 痛いなら ゆっくり 休んだ 方が いいです

③ デジカメを 買うなら 秋葉原が 安いです

들어 봅시다

A

1 と

2 曲がって

3 なら

해석

1 이 길을 곧바로 가면 주유소가 보입니다.

2 은행을 오른쪽으로 돌아 주세요.

3 K호텔이라면 저기에 있습니다.

B

1 ③

스크립트

男の 人が 道を 聞いて います。

コンビニは どこに ありますか。

A：あの、すみません。
　コンビニは どこに ありますか。

B：コンビニなら この 近くに ありますよ。

A：ここから どうやって 行けば いいですか。

B：この 道を まっすぐ 行って 右に 曲がると 右側に 本屋が あります。
　コンビニは 本屋の となりです。

A：どうも ありがとうございました。

コンビニは どこに ありますか。

해석

남자가 길을 묻고 있습니다.
편의점은 어디에 있습니까?

A : 저, 실례합니다. 편의점은 어디에 있습니까?

B : 편의점이라면 이 근처에 있어요.

A : 여기서 어떻게 가면 됩니까?

B : 이 길을 곧장 가서 오른쪽으로 돌면 오른쪽에 서점이 있습니다.
　편의점은 서점 옆입니다.

A : 정말 감사합니다.

편의점은 어디에 있습니까?

2 ①

스크립트

地下鉄駅の そばで 女の 人が 道を 聞いて います。韓国大使館は どこに ありますか。

A：あの、すみません。韓国大使館まで どうやって 行けば いいですか。

B：えーと、この 道を まっすぐ 行くと 左側に 区役所が あります。
　そこを 左に 曲がって 少し 行くと 韓国大使館が 見えます。

A：どうも ありがとうございました。

韓国大使館は どこに ありますか。

해석

지하철역 근처에서 여자가 길을 묻고 있습니다.

한국대사관은 어디에 있습니까?

A : 저, 실례합니다. 한국대사관까지 어떻게 가면 됩니까?

B ： 음, 이 길을 곧장 가면 왼쪽에 구청이 있습니다.
거기서 왼쪽으로 돌아서 조금 가면 한국대사관이 보입니다.

A ： 정말 감사합니다.

한국대사관은 어디에 있습니까?

7과

써 봅시다

1

1 ① あげました

② くださいました

③ あげました

④ あげました

2

1 父(ちち)は 私(わたし)に 本(ほん)を 読(よ)んで くれました。

私(わたし)は 父(ちち)に 本(ほん)を 読(よ)んで もらいました。

2 姉(あね)は 私(わたし)に 勉強(べんきょう)を 教(おし)えて くれました。

私(わたし)は 姉(あね)に 勉強(べんきょう)を 教(おし)えて もらいました。

3 先輩(せんぱい)は かばんを 持(も)って くれました。

私(わたし)は 先輩(せんぱい)に かばんを 持(も)って もらいました。

들어 봅시다

A

1 あげました

2 くれました

3 いただきました

해석

1 저는 친구에게 펜을 주었습니다.

2 다카하시 씨는 나에게 책을 사 주었습니다.

3 하야시 선생님께서 일본어를 가르쳐 주셨습니다.

B

1 ②

스크립트

A：わあ！かわいい。これ どこで 買(か)ったんですか。

B：① 昨日(きのう) デパートで 彼氏(かれし)に 買(か)って あげました。

② 昨日(きのう) デパートで 彼氏(かれし)に 買(か)って もらいました。

③ 昨日(きのう) デパートで 彼氏(かれし)が あげました。

해석

A ： 우와! 귀엽다. 이거 어디서 샀어요?

B ： ① 어제 백화점에서 남자친구에게 사 주었습니다.

② 어제 백화점에서 남자친구가 사 주었습니다.

③ 어제 백화점에서 남자친구가 주었습니다.

2 ②

스크립트

A：彼女(かのじょ)の 誕生日(たんじょうび)に 何(なに)を あげましたか。

B：① 本(ほん)を 買(か)って くれました。

② 花束(はなたば)を 買(か)って あげました。

③ プレゼントを買(か)ってもらいました。

해석

A：여자친구 생일에 무엇을 주었습니까?

B：① 책을 사 주었습니다.

② 꽃다발을 사 주었습니다.

③ 선물을 사 주었습니다(받았습니다).

8과

써 봅시다

1 お皿が 並んで います

お皿が 並べて あります

2 水が 入って います

水が 入れて あります

3 絵が かかって います

絵が かけて あります

들어 봅시다

A

1 あります

2 ついて

3 んですって

해석

1 창문이 열려 있습니다.

2 불이 켜져 있습니다.

3 다음 주 토요일에 결혼한대요.

B

1 ②

스크립트

次の 絵を 見て 正しい ものを 1、2、3の中から 選びなさい。

① ドアが 閉まって います。

② 電気が ついて います。

③ 窓が 開いて います。

해석

다음 그림을 보고 올바른 것을 1, 2, 3 중에서 고르세요.

① 문이 닫혀 있습니다.

② 불이 켜져 있습니다.

③ 창문이 열려 있습니다.

2 ③

스크립트

女の 人が 会社の 先輩と 話して います。女の 人は 昼ご飯を 食べてから 何を しますか。

A：山下さん、明日 重要な 会議が あるから、これ、ちょっと コピーして もらえますか。

B：はい。

A：あ、それと 会議の 資料も 作って おいて ください。

ちょっと 時間が かかると 思いますが……。

B：じゃ、昼ご飯を 食べてからでも いいですか。

A：うーん、お昼の 前に コピーだけ

お願いできますか。

B：はい、わかりました。

女の 人は 昼ご飯を 食べてから 何を しますか。

① コピーを します。

② 会議を します。

③ 会議の 資料を 作ります。

해석

여자가 회사 선배와 이야기하고 있습니다.
여자는 점심을 먹고 나서 무엇을 합니까?

A : 야마시타 씨, 내일 중요한 회의가 있으니까, 이거 좀 복사해 줄래요?

B : 네.

A : 아, 그리고 회의 자료도 만들어 두세요. 조금 시간이 걸리겠지만…….

B : 그럼, 점심을 먹고 나서라도 괜찮습니까?

A : 음, 점심 전에 복사만 부탁할 수 있습니까?

B : 네, 알겠습니다.

여자는 점심을 먹고 나서 무엇을 합니까?

① 복사를 합니다.

② 회의를 합니다.

③ 회의 자료를 만듭니다.

9과

써 봅시다

1 質問されました

2 取られました

3 招待されました

4 降られました

들어 봅시다

A

1 ほめられました

2 取られました

3 降られて

해석

1 선생님에게 칭찬 받았습니다.

2 버스 안에서 지갑을 도둑맞았습니다.

3 비가 와서 옷이 젖어 버렸습니다.

B

1 ③

스크립트

次の 絵を 見て 正しい ものを 1、2、3の 中から 選びなさい。

① 部長に 仕事を 頼みました。

② 部長に 仕事を 頼まれませんでした。

③ 部長に 仕事を 頼まれました。

해석

다음 그림을 보고 올바른 것을 1, 2, 3 중에서 고르세요.

① 부장님에게 일을 부탁했습니다.

② 부장님에게 일을 부탁 받지 않았습니다.

③ 부장님에게 일을 부탁 받았습니다.

2 ①

스크립트

男の 人と 女の 人が 話を して います。男の 人は 明日 何を しますか。

A : 明日 何か 予定 ある？

B : 川上さんの 家に 招待されて いるから、友達と 行く ことに したんだ。

A : そうなんだ。
実は 友達から 演劇の チケットを 2枚 もらったから、一緒に 行こうと 思ったんだけど……。

B : 本当？ でも、川上さんと 約束したから……。
あ! ちょっと 待って。今日は 木曜日だった! 僕、行けるよ。

男の 人は 明日 何を しますか。

① 演劇に 行きます。
② 川上さんの 家に 行きます。
③ 友達を 招待します。

해석

남자와 여자가 이야기 하고 있습니다.
남자는 내일 무엇을 합니까?

A : 내일 뭔가 할 일 있어?

B : 가와카미 씨 집에 초대 받아서, 친구와 같이 가기로 했어.

A : 그렇구나.
실은 친구에게서 연극 티켓을 두 장 받아서, 같이 가려고 했는데…….

B : 정말? 하지만, 가와카미 씨와 약속했으니까…….
아! 잠깐! 오늘은 목요일이었네! 나, 갈 수 있어.

남자는 내일 무엇을 합니까?

① 연극을 보러 갑니다.
② 가와카미 씨 집에 갑니다.
③ 친구를 초대합니다.

10과

써 봅시다

1 佐々木さんは 私に 雑誌を 買わせました
私は 佐々木さんに 雑誌を 買わせられました

2 上司は 私に 残業を させました
私は 上司に 残業を させられました

3 先生は 私に 漢字を 覚えさせました
私は 先生に 漢字を 覚えさせられました

들어 봅시다

A

1 までに
2 覚えさせます
3 食べさせられました

해석

1 다음 주 수요일까지 리포트를 제출해 주세요.
2 선생님은 나에게 매일 한자를 외우게 합니다.
3 저는 어머니 때문에 억지로 콩을 먹었습니다.

B

1 ②

스크립트

A : どうしたんですか。顔色が悪いですね。

B : ① 昨日の 夜、先輩が お酒を 飲みました。

② 昨日の 夜、先輩に お酒を 飲ませられました。

③ 昨日の 夜、先輩に お酒を 飲ませました。

해석

A : 무슨 일이에요? 안색이 안 좋네요.

B : ① 어젯밤, 선배가 술을 먹었습니다.

② 어젯밤, 선배 때문에 억지로 술을 마셨습니다.

③ 어젯밤, 선배에게 억지로 술을 마시게 했습니다.

2 ③

스크립트

次の 絵を 見て 正しい ものを 1、2、3の 中から 選びなさい。

① 先生は 私に 本を 読まれました。

② 先生は 私に 本を 読んで くれました。

③ 先生は 私に 本を 読ませました。

해석

다음 그림을 보고 올바른 것을 1, 2, 3 중에서 고르세요.

① 선생님은 나에게 책을 읽혀졌습니다.

② 선생님은 나에게 책을 읽어 주었습니다.

③ 선생님은 나에게 책을 읽게 했습니다.

11과

써 봅시다

1 召し上がって ください

2 ご覧に なりましたか

3 なさいますか

들어 봅시다

A

1 どちら

2 ございます

3 いただけますか

해석

1 화장실은 어디입니까?

2 엘리베이터는 저쪽입니다.

3 8시에 깨워 주시겠습니까?

B

1 ③

스크립트

次の 絵を 見て 正しい ものを 1、2、3の 中から 選びなさい。

① カードと レシートで ございます。

② レストランは 10階で ございます。

③ 駐車場は あちらで ございます。

해석

다음 그림을 보고 올바른 것을 1, 2, 3 중에서 고르세요.

① 카드와 영수증입니다.

② 식당은 10층입니다.

③ 주차장은 저쪽입니다.

2 ③

스크립트

A：チェックインを お願いします。

B：① エレベーターは どこですか。

② 木村さんは いらっしゃいますか。

③ パスポートは お持ちでしょうか。

해석

A ： 체크인을 부탁합니다.

B ：① 엘리베이터는 어디입니까?

② 기무라 씨는 계십니까?

③ 여권은 갖고 계십니까?

12과

써 봅시다

1 ① ご連絡ください

ご連絡いたします

② ご説明ください

ご説明いたします

③ お電話ください

お電話いたします

2 ① お書きください

お書きいたします

② お預かりください

お預かりいたします

③ お調べください

お調べいたします

들어 봅시다

A

1 お待ちください

2 いたします

3 お持ちいたします

해석

1 잠시 기다려 주세요.

2 이쪽으로 오세요. 안내해 드리겠습니다.

3 바로 갖다 드리겠습니다.

B

1 ③

스크립트

A：お水を お願いします。

B：① 何名様ですか。

② こちらへどうぞ。ご案内いたします。

③ はい。すぐに お持ちいたします。

해석

A ： 물을 부탁합니다.

B ： ① 몇 분이세요?

② 이쪽으로 오세요. 안내해 드리겠습니다.

③ 네. 바로 갖다 드리겠습니다.

2 ①

스크립트

次の 絵を 見て 正しい ものを 1、2、3の 中から 選びなさい。

① お待たせいたしました。

② お待ちになりますか。

③ 少々、お待ちください。

해석

다음 그림을 보고 올바른 것을 1, 2, 3 중에서 고르세요.

① 오래 기다리셨습니다.

② 기다리시겠습니까?

③ 잠시만 기다려 주십시오.

일본어뱅크

귀와 입이 저절로 열리는

감바레 がんばれ 일본어 워크북

문선희, 나카야마 다츠나리, 감영희, 한탁철 지음

STEP 3

동양북스

일본어뱅크

귀와 입이 저절로 열리는

감바레 がんばれ

일본어 워크북

STEP 3

동양북스

1과 あまり 無理(むり)しない 方(ほう)が いいですよ。

너무 무리하지 않는 것이 좋습니다.

KEY WORD 본책 27쪽

DATE : . .

아래 일본어를 어떻게 읽는지 (   )안에 히라가나를 써 보세요.

心配

(   )

걱정

発表

(   )

발표

説明

(   )

설명

文法

(   )

문법

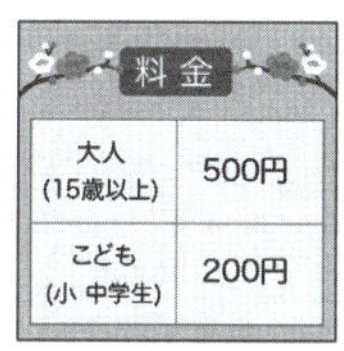

料金

(   )

요금

小包

(   )

소포

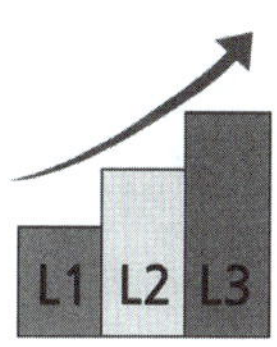

レベル

(   )

레벨

ペン

(   )

펜

ピザ

(   )

피자

![KEYWORD]

단어 읽기 정답

DATE : . .

 心配 (しんぱい) 걱정	 発表 (はっぴょう) 발표	 説明 (せつめい) 설명
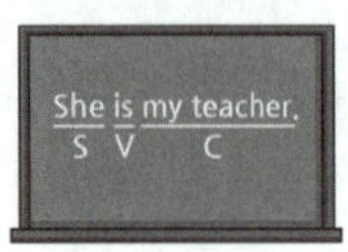 文法 (ぶんぽう) 문법	 料金 (りょうきん) 요금	 小包 (こづつみ) 소포
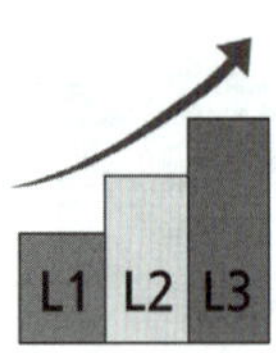 レベル (れべる) 레벨	 ペン (ぺん) 펜	 ピザ (ぴざ) 피자

빈칸에 써 봅시다. 본책 31쪽

DATE : . .

ない형의 활용 연습

의미	동사	ない형	의미	동사	ない형
사다	買う		쓰다	書く	
만나다	会う		듣다, 묻다	聞く	
노래하다	歌う		걷다	歩く	
사용하다	使う		일하다	働く	
피우다, 빨다	吸う		헤엄치다	泳ぐ	
기다리다	待つ		가다	行く	
들다, 갖다	持つ		이야기하다	話す	
타다	乗る		보다	見る	
찍다	撮る		먹다	食べる	
만들다	作る		일어나다	起きる	
보내다	送る		자다	寝る	
돌아오다 (돌아가다)	帰る		가르치다	教える	
죽다	死ぬ		외우다, 기억하다	覚える	
읽다	読む		나오다 (나가다)	出る	
마시다	飲む		그만두다, 끊다	やめる	
쉬다	休む		걸다	かける	
놀다	遊ぶ		오다	来る	
부르다	呼ぶ		하다	する	

書いてみましょう

다음 예와 같이 일본어로 써 보세요. 본 책 39쪽

DATE :　　.　　.

예

写真(しゃしん)を 撮(と)る

① 写真(しゃしん)を 撮(と)らないで ください。
② 写真(しゃしん)を 撮(と)らない 方(ほう)が いいです。
③ 写真(しゃしん)を 撮(と)らなければ なりません。
④ 写真(しゃしん)を 撮(と)らなくても いいです。

1

会社(かいしゃ)を やめる

① ＿＿＿＿＿＿＿＿＿＿＿＿＿＿。
② ＿＿＿＿＿＿＿＿＿＿＿＿＿＿。
③ ＿＿＿＿＿＿＿＿＿＿＿＿＿＿。
④ ＿＿＿＿＿＿＿＿＿＿＿＿＿＿。

2

タクシーに 乗(の)る

① ＿＿＿＿＿＿＿＿＿＿＿＿＿＿。
② ＿＿＿＿＿＿＿＿＿＿＿＿＿＿。
③ ＿＿＿＿＿＿＿＿＿＿＿＿＿＿。
④ ＿＿＿＿＿＿＿＿＿＿＿＿＿＿。

3

日本語(にほんご)で 発表(はっぴょう)する

① ＿＿＿＿＿＿＿＿＿＿＿＿＿＿。
② ＿＿＿＿＿＿＿＿＿＿＿＿＿＿。
③ ＿＿＿＿＿＿＿＿＿＿＿＿＿＿。
④ ＿＿＿＿＿＿＿＿＿＿＿＿＿＿。

WORD

- 会社(かいしゃ)を やめる 회사를 그만두다
- タクシー(taxi) 택시
- 発表(はっぴょう) 발표

한 자 본책 41쪽

DATE : . .

明
밝을 명

보기 文明(ぶんめい) 문명, 発明(はつめい) 발명

明 明

説明	説明			
せつ めい 설명	せつ めい			

文
글월 문

보기 文学(ぶんがく) 문학, 文化(ぶんか) 문화

文 文

文法	文法			
ぶん ぽう 문법	ぶん ぽう			

金
쇠 금

보기 金魚(きんぎょ) 금붕어, 金額(きんがく) 금액

金 金

料金	料金			
りょう きん 요금	りょう きん			

가타카나

レベル

level 레벨

レベル		

ペン

pen 펜

ペン		

＊ 표현 PLUS ＊ 「んです / なんです」의 시제별 활용 정리

		현재형 ~는데요	부정형 ~지 않은데요	과거형 ~었는데요	과거 부정형 ~지 않았는데요
명사	休(やす)み 휴일	休(やす)みなんです	休(やす)みじゃないんです	休(やす)みだったんです	休(やす)みじゃなかったんです
	友達(ともだち) 친구	友達(ともだち)なんです	友達(ともだち)じゃないんです	友達(ともだち)だったんです	友達(ともだち)じゃなかったんです
	結婚式(けっこんしき) 결혼식	結婚式(けっこんしき)なんです	結婚式(けっこんしき)じゃないんです	結婚式(けっこんしき)だったんです	結婚式(けっこんしき)じゃなかったんです
い형용사	おいしい 맛있다	おいしいんです	おいしく ないんです	おいしかったんです	おいしく なかったんです
	難(むず)しい 어렵다	難(むず)しいんです	難(むず)しく ないんです	難(むず)しかったんです	難(むず)しく なかったんです
	いい 좋다	いいんです	よく ないんです	よかったんです	よく なかったんです
な형용사	有名(ゆうめい)だ 유명하다	有名(ゆうめい)なんです	有名(ゆうめい)じゃないんです	有名(ゆうめい)だったんです	有名(ゆうめい)じゃなかったんです
	便利(べんり)だ 편리하다	便利(べんり)なんです	便利(べんり)じゃないんです	便利(べんり)だったんです	便利(べんり)じゃなかったんです
	きれいだ 예쁘다	きれいなんです	きれいじゃないんです	きれいだったんです	きれいじゃなかったんです
동사	行(い)く 가다	行(い)くんです	行(い)かないんです	行(い)ったんです	行(い)かなかったんです
	見(み)る 보다	見(み)るんです	見(み)ないんです	見(み)たんです	見(み)なかったんです
	する 하다	するんです	しないんです	したんです	しなかったんです

2과 家(うち)で パーティーを するそうです。

집에서 파티를 한다고 합니다.

KEY WORD 본 책 43쪽

DATE :   .   .

아래 일본어를 어떻게 읽는지 (   )안에 히라가나를 써 보세요.

 天気予報 (　　) 일기예보	 風邪 (　　) 감기	 台風 (　　) 태풍
 化粧品 (　　) 화장품	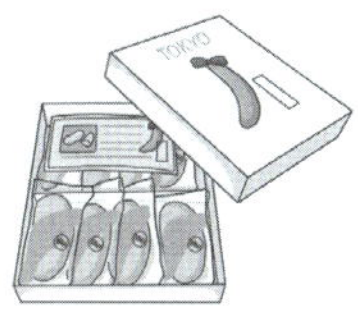 お土産 (　　) 기념품, 선물	 世界 (　　) 세계
 スーツ (　　) 정장, 슈트	 マフラー (　　) 머플러	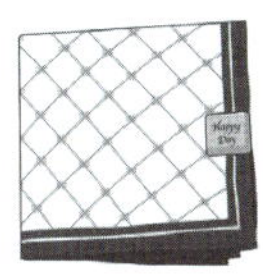 ハンカチ (　　) 손수건

KEY WORD

DATE :　　.　　.

단어 읽기 정답

天気予報
(てんきよほう)
일기예보

風邪
(かぜ)
감기

台風
(たいふう)
태풍

化粧品
(けしょうひん)
화장품

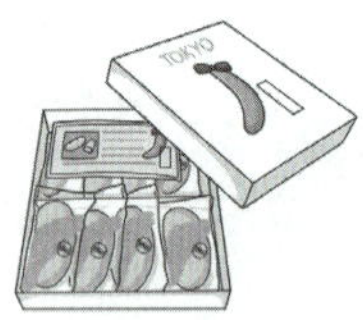

お土産
(おみやげ)
기념품, 선물

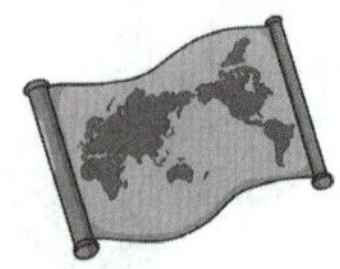

世界
(せかい)
세계

スーツ
(すーつ)
정장, 슈트

マフラー
(まふらー)
머플러

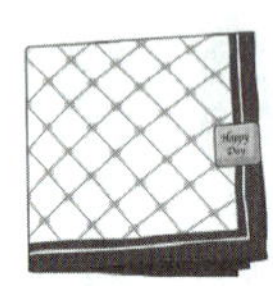

ハンカチ
(はんかち)
손수건

文法まとめ

문법 정리

빈칸에 써 봅시다.　　본 책 49쪽

DATE :　　.　　.

의지형의 활용 연습

의미	동사	～(よ)う	의미	동사	～(よ)う
사다	買(か)う		쓰다	書(か)く	
만나다	会(あ)う		듣다, 묻다	聞(き)く	
노래하다	歌(うた)う		걷다	歩(ある)く	
사용하다	使(つか)う		일하다	働(はたら)く	
피우다, 빨다	吸(す)う		헤엄치다	泳(およ)ぐ	
기다리다	待(ま)つ		가다	行(い)く	
들다, 갖다	持(も)つ		이야기하다	話(はな)す	
타다	乗(の)る		보다	見(み)る	
찍다	撮(と)る		먹다	食(た)べる	
만들다	作(つく)る		일어나다	起(お)きる	
보내다	送(おく)る		자다	寝(ね)る	
돌아오다 (돌아가다)	帰(かえ)る		가르치다	教(おし)える	
죽다	死(し)ぬ		외우다, 기억하다	覚(おぼ)える	
읽다	読(よ)む		나오다 (나가다)	出(で)る	
마시다	飲(の)む		그만두다, 끊다	やめる	
쉬다	休(やす)む		걸다	かける	
놀다	遊(あそ)ぶ		오다	来(く)る	
부르다	呼(よ)ぶ		하다	する	

書いてみましょう

1 다음 예와 같이 일본어로 써 보세요. 본책 55쪽

DATE :　　.　　.

예

雨(あめ)が 降(ふ)る

① ニュースに よると 雨(あめ)が 降(ふ)るそうです。

② 今(いま)にも 雨(あめ)が 降(ふ)りそうです。

1

高(たか)い

① この マフラーは とても ________________。

② この マフラー、とても ________________。

2

簡単(かんたん)だ

① 今度(こんど)の 試験(しけん)は ________________。

② 今度(こんど)の 試験(しけん)は ________________。

3

いい

① 青木(あおき)さんは 性格(せいかく)が ________________。

② 青木(あおき)さんは 性格(せいかく)が ________________。

WORD

- マフラー(muffler) 머플러
- 今度(こんど) 이번
- 性格(せいかく) 성격

2

본책 56쪽

DATE : . .

예

新(あたら)しいパソコンを 買(か)う

① 新(あたら)しいパソコンを 買(か)おう。

② 新(あたら)しいパソコンを 買(か)おうと 思(おも)います。

1

7時(しちじ)に 友達(ともだち)に 会(あ)う

① ____________________。

② ____________________。

2

今日(きょう)は 焼(や)き肉(にく)を 食(た)べる

① ____________________。

② ____________________。

3

中国(ちゅうごく)へ 行(い)って 来(く)る

① ____________________。

② ____________________。

WORD

• パソコン(personal+computer) 컴퓨터

• 焼(や)き肉(にく) (일본식) 불고기

한 자 본책 59쪽

DATE : . .

報
알릴 보

보기 報告(ほうこく) 보고, 続報(ぞくほう) 속보

報 報

天気予報	天気予報			
てんきよほう 일기예보	てんきよほう			

風
바람 풍

보기 風船(ふうせん) 풍선, 風紀(ふうき) 풍기

風 風

台風	台風			
たいふう 태풍	たいふう			

世
세상 세

보기 世代(せだい) 세대, 世間(せけん) 세간, 세상

世 世

世界	世界			
せかい 세계	せかい			

가타카나

スーツ

suit 정장, 슈트

スーツ		

マフラー

muffler 머플러

マフラー		

3과

れっしゃ　　の
列車に 乗れないかも しれない。
열차를 못 탈지도 몰라.

KEY WORD 본책 61쪽

DATE :　　.　　.

아래 일본어를 어떻게 읽는지 (　　　　　　　)안에 히라가나를 써 보세요.

交通事故

(　　　　　　　)

교통사고

列車

(　　　　　　　)

열차

到着

(　　　　　　　)

도착

故障

(　　　　　　　)

고장

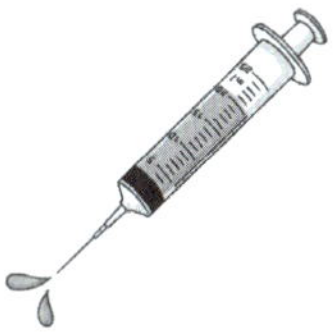

注射

(　　　　　　　)

주사

入院

(　　　　　　　)

입원

パスタ

(　　　　　　　)

파스타

ワンピース

(　　　　　　　)

원피스

セール

(　　　　　　　)

세일

KEY WORD

단어 읽기 정답

交通事故
(こうつうじこ)
교통사고

列車
(れっしゃ)
열차

到着
(とうちゃく)
도착

故障
(こしょう)
고장

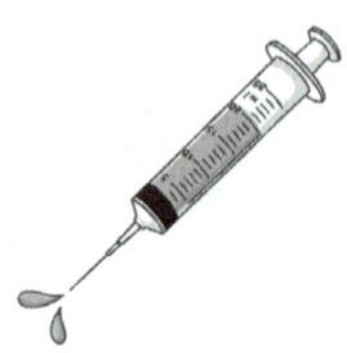

注射
(ちゅうしゃ)
관광

入院
(にゅういん)
입원

パスタ
(ぱすた)
파스타

ワンピース
(わんぴーす)
원피스

セール
(せーる)
세일

文法まとめ

문법 정리

빈칸에 써 봅시다. 본 책 65쪽

DATE :　　.　　.

동사의 가능 부정형의 활용 연습

의미	동사	가능 부정형	의미	동사	가능 부정형
사다	買(か)う		쓰다	書(か)く	
만나다	会(あ)う		듣다, 묻다	聞(き)く	
노래하다	歌(うた)う		걷다	歩(ある)く	
사용하다	使(つか)う		일하다	働(はたら)く	
피우다, 빨다	吸(す)う		헤엄치다	泳(およ)ぐ	
기다리다	待(ま)つ		가다	行(い)く	
들다, 갖다	持(も)つ		이야기하다	話(はな)す	
타다	乗(の)る		보다	見(み)る	
찍다	撮(と)る		먹다	食(た)べる	
만들다	作(つく)る		일어나다	起(お)きる	
보내다	送(おく)る		자다	寝(ね)る	
돌아오다 (돌아가다)	帰(かえ)る		가르치다	教(おし)える	
죽다	死(し)ぬ		외우다, 기억하다	覚(おぼ)える	
읽다	読(よ)む		나오다 (나가다)	出(で)る	
마시다	飲(の)む		그만두다, 끊다	やめる	
쉬다	休(やす)む		걸다	かける	
놀다	遊(あそ)ぶ		오다	来(く)る	
부르다	呼(よ)ぶ		하다	する	

書いてみましょう

써 봅시다

1 다음 예와 같이 일본어로 써 보세요. 본 책 75쪽

DATE : . .

예

ピアノを 弾(ひ)く

① ピアノが 弾(ひ)ける。
② ピアノが 弾(ひ)けるんです。
③ ピアノが 弾(ひ)けない。
④ ピアノが 弾(ひ)けないんです。

1

自転車(じてんしゃ)に 乗(の)る

① ______________________。
② ______________________。
③ ______________________。
④ ______________________。

2

早(はや)く 起(お)きる

① ______________________。
② ______________________。
③ ______________________。
④ ______________________。

3

水泳(すいえい)を する

① ______________________。
② ______________________。
③ ______________________。
④ ______________________。

WORD

- ピアノ(piano) 피아노
- 自転車(じてんしゃ) 자전거
- 水泳(すいえい) 수영

한 자 본 책 77쪽

DATE : . .

故 연고 고

보기 故障(こしょう) 고장, 故人(こじん) 고인

故 故

事故 じこ 사고	事故 じこ			

注 부을 주

보기 注文(ちゅうもん) 주문, 注意(ちゅうい) 주의

注 注

注射 ちゅうしゃ 주사	注射 ちゅうしゃ			

入 들 입

보기 入社(にゅうしゃ) 입사, 記入(きにゅう) 기입

入 入

入院 にゅういん 입원	入院 にゅういん			

가타카나

セール — sale 세일

セール		

ワンピース — onepiece 원피스

ワンピース		

* 표현 PLUS * 星座(せいざ) 별자리

みずがめ座(ざ)

물병자리

うお座(ざ)

물고기자리

おひつじ座(ざ)

양자리

おうし座(ざ)

황소자리

ふたご座(ざ)

쌍둥이자리

かに座(ざ)

게자리

しし座(ざ)

사자자리

おとめ座(ざ)

처녀자리

てんびん座(ざ)

천칭자리

さそり座(ざ)

전갈자리

いて座(ざ)

궁수자리

やぎ座(ざ)

염소자리

4과 けっこう 人気(にんき)が あるようですね。

꽤 인기가 있는 것 같아요.

KEY WORD 본 책 79쪽

DATE :   .   .

아래 일본어를 어떻게 읽는지 (   )안에 히라가나를 써 보세요.

夢

(   )

꿈

天使

(   )

천사

皿

(   )

접시

感動

(   )

감동

火事

(   )

화재

練習

(   )

연습

ヨガ

(   )

요가

モデル

(   )

모델

ヨーロッパ

(   )

유럽

KEY WORD

DATE :　　.　　.

단어 읽기 정답

夢
(　ゆめ　)
꿈

天使
(　てんし　)
천사

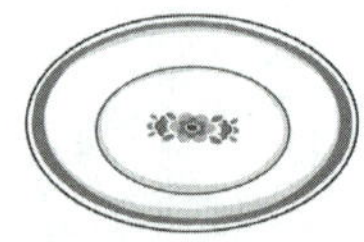

皿
(　さら　)
접시

感動
(　かんどう　)
감동

火事
(　かじ　)
화재

練習
(　れんしゅう　)
연습

ヨガ
(　よが　)
요가

モデル
(　もでる　)
모델

ヨーロッパ
(　よーろっぱ　)
유럽

書いてみましょう

써 봅시다

다음 예와 같이 일본어로 써 보세요. 본 책 89쪽

DATE :　　.　　.

예

歌手(かしゅ)

恵美(めぐみ)さんは 歌手(かしゅ)の ようです。

恵美(めぐみ)さんは 歌手(かしゅ)らしいです。

1

花屋(はなや)が ない

この 近(ちか)くには ______________________。

この 近(ちか)くには ______________________。

2

サッカーが 上手(じょうず)だ

小島(こじま)さんは ______________________。

小島(こじま)さんは ______________________。

3

練習(れんしゅう)して いる

健太君(けんたくん)は 毎日(まいにち) ______________________。

健太君(けんたくん)は 毎日(まいにち) ______________________。

WORD

- 練習(れんしゅう) 연습
- ~君(くん) ~군

한 자 본책 91쪽

DATE : . .

使
하여금 사

보기 使用(しよう) 사용, 使役(しえき) 사역

使 使

天使 てんし 천사	天使 てんし			

感
느낄 감

보기 感心(かんしん) 감탄, 共感(きょうかん) 공감

感 感

感動 かんどう 감동	感動 かんどう			

習
익힐 습

보기 予習(よしゅう) 예습, 復習(ふくしゅう) 복습

習 習

練習 れんしゅう 연습	練習 れんしゅう			

가타카나

ヨーロッパ

Europe 유럽

ヨーロッパ		

モデル

model 모델

モデル		

5과 宝くじに 当たったら 何が したいですか。

たから　あ　なに

장소를 가르쳐 주세요.

KEY WORD 본 책 93쪽

DATE :　　.　　.

아래 일본어를 어떻게 읽는지 (　　　　　　　　)안에 히라가나를 써 보세요.

宝くじ

(　　　　　　　　)

복권

貯金

(　　　　　　　　)

저금

歴史

(　　　　　　　　)

역사

合格

(　　　　　　　　)

합격

値段

(　　　　　　　　)

가격

英会話

(　　　　　　　　)

영어 회화

インターネット

(　　　　　　　　)

인터넷

ワイン

(　　　　　　　　)

와인

プロポーズ

(　　　　　　　　)

프로포즈

DATE :   .   .

KEY WORD

단어 읽기 정답

 宝くじ (たからくじ) 복권	 貯金 (ちょきん) 저금	 歴史 (れきし) 역사
 合格 (ごうかく) 합격	 値段 (ねだん) 가격	 英会話 (えいかいわ) 영어 회화
 インターネット (いんたーねっと) 인터넷	 ワイン (わいん) 와인	 プロポーズ (ぷろぽーず) 프로포즈

文法まとめ

문법 정리

빈칸에 써 봅시다. 본책 97쪽

DATE : . .

가정형 「ば」의 활용 연습

의미	동사	가정형 (ば)	의미	동사	가정형 (ば)
사다	買(か)う		쓰다	書(か)く	
만나다	会(あ)う		듣다, 묻다	聞(き)く	
노래하다	歌(うた)う		걷다	歩(ある)く	
사용하다	使(つか)う		일하다	働(はたら)く	
피우다, 빨다	吸(す)う		헤엄치다	泳(およ)ぐ	
기다리다	待(ま)つ		가다	行(い)く	
들다, 갖다	持(も)つ		이야기하다	話(はな)す	
타다	乗(の)る		보다	見(み)る	
찍다	撮(と)る		먹다	食(た)べる	
만들다	作(つく)る		일어나다	起(お)きる	
보내다	送(おく)る		자다	寝(ね)る	
돌아오다 (돌아가다)	帰(かえ)る		가르치다	教(おし)える	
죽다	死(し)ぬ		외우다, 기억하다	覚(おぼ)える	
읽다	読(よ)む		나오다 (나가다)	出(で)る	
마시다	飲(の)む		그만두다, 끊다	やめる	
쉬다	休(やす)む		걸다	かける	
놀다	遊(あそ)ぶ		오다	来(く)る	
부르다	呼(よ)ぶ		하다	する	

書いてみましょう

다음 예와 같이 일본어로 써 보세요. 본책 101쪽

DATE :　　.　　.

広(ひろ)い

公園(こうえん)は 広(ひろ)ければ 広(ひろ)いほど いいです。

1

新鮮(しんせん)だ

野菜(やさい)は ________________ いいです。

2

古(ふる)い

ワインは ________________ おいしいです。

3

読(よ)む

歴史小説(れきししょうせつ)は ____________ おもしろいです。

4

食(た)べる

たくさん ________________ 太(ふと)ります。

WORD

- 古(ふる)い 오래되다
- ワイン(wine) 와인
- 歴史小説(れきし しょう せつ) 역사 소설
- 太(ふと)る 살찌다

한 자　본책 107쪽

DATE :　.　.

合 합할 합

보기 合計(ごうけい) 합계, 総合(そうごう) 종합

合	合				

合格	合格			
ごうかく 합격	ごうかく			

段 층계 단

보기 階段(かいだん) 계단, 段階(だんかい) 단계

段	段				

値段	値段			
ねだん 가격	ねだん			

色 빛 색

보기 色彩(しきさい) 색채, 色感(しきかん) 색감

色	色				

景色	景色			
けしき 경치	けしき			

가타카나

ワイン　wine 와인

ワイン		

インターネット　Internet 인터넷

インターネット		

＊ 표현 PLUS ＊ 일본 집의 내부

6과 この道(みち)を まっすぐ 行(い)くと 橋(はし)が 見(み)えます。

이 길을 곧장 가면 다리가 보입니다.

KEY WORD 본책 109쪽

DATE : . .

아래 일본어를 어떻게 읽는지 (　　　　　　)안에 히라가나를 써 보세요.

 道 (　　　　) 길	 橋 (　　　　) 다리	 交差点 (　　　　) 사거리
 大使館 (　　　　) 대사관	 区役所 (　　　　) 구청	 出口 (　　　　) 출구
 ガソリンスタンド (　　　　) 주유소	 ショッピング (　　　　) 쇼핑	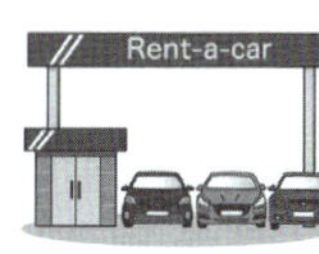 レンタカー (　　　　) 렌터카

KEY WORD

DATE :　　.　　.

단어 읽기 정답

 道 (みち) 길	 橋 (はし) 다리	 交差点 (こうさてん) 사거리
 大使館 (たいしかん) 대사관	 区役所 (くやくしょ) 구청	 出口 (でぐち) 출구
 ガソリンスタンド (がそりんすたんど) 주유소	 ショッピング (しょっぴんぐ) 쇼핑	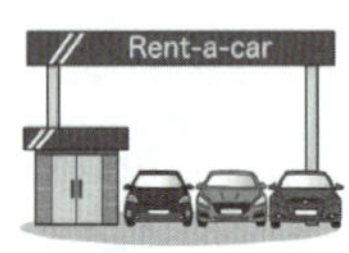 レンタカー (れんたかー) 렌터카

書いてみましょう

써 봅시다

1 다음 예와 같이 일본어로 써 보세요. 본책 117쪽

DATE :　　　.　　　.

예

春(はる)に なる, 花(はな)が 咲(さ)く

春(はる)に なると 花(はな)が 咲(さ)きます。

1

1(いち)に 2(に)を 足(た)す, 3(さん)に なる

________________________________。

2

この 道(みち)を まっすぐ 行(い)く,
花屋(はなや)が 見(み)える

________________________________。

3

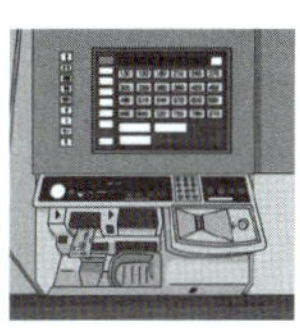

お金(かね)を 入(い)れる, 切符(きっぷ)が 出(で)る

________________________________。

WORD

- 花(はな)が 咲(さ)く 꽃이 피다
- お金(かね)を 入(い)れる 돈을 넣다
- 切符(きっぷ) 표

書いてみましょう

써 봅시다

2

본책 118쪽

DATE :   .   .

ダンス, 木村さんが 上手だ

ダンスなら 木村さんが 上手です。

1

土曜日, 結婚式に 行ける

____

______________________。

2

頭が 痛い,
ゆっくり 休んだ 方が いい

____

______________________。

3

デジカメを 買う,
秋葉原が 安い

____

______________________。

WORD

- ダンス(dance) 댄스
- デジカメ(digital camera) 디지털 카메라

한 자 본책 121쪽

DATE : . .

道 길 도

보기 坂道(さかみち) 언덕길, 裏道(うらみち) 뒷길

道 道

道 みち 길	道 みち			

役 부릴 역

보기 市役所(しやくしょ) 시청, 役員(やくいん) 임원

役 役

区役所 く やく しょ 구청	区役所 く やく しょ			

口 입 구

보기 改札口(かいさつぐち) 개찰구, 悪口(わるぐち) 욕, 험담

口 口

出口 で ぐち 출구	出口 で ぐち			

가타카나

ショッピング

shopping 쇼핑

ショッピング		

レンタカー

rent-a-car 렌터카

レンタカー		

＊ 표현 PLUS ＊ 주요 길 안내 표현

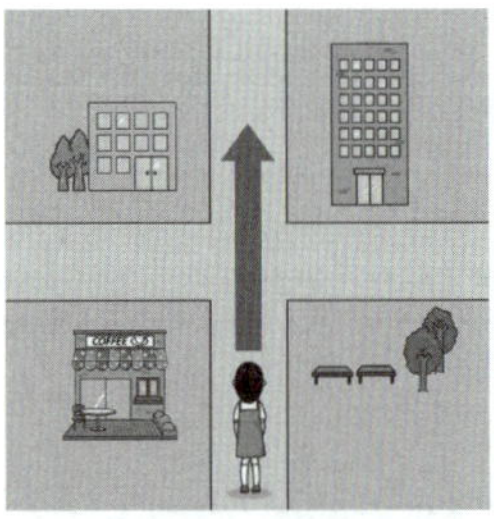

まっすぐ 行(い)く

곧장 가다

右(みぎ)に 曲(ま)がる

오른쪽으로 돌다

左(ひだり)に 曲(ま)がる

왼쪽으로 돌다

信号(しんごう)を 渡(わた)る

신호를 건너다

橋(はし)が 見(み)える

다리가 보이다

交差点(こうさてん)に 出(で)る

사거리가 나오다

乗(の)り換(か)える

갈아타다, 환승하다

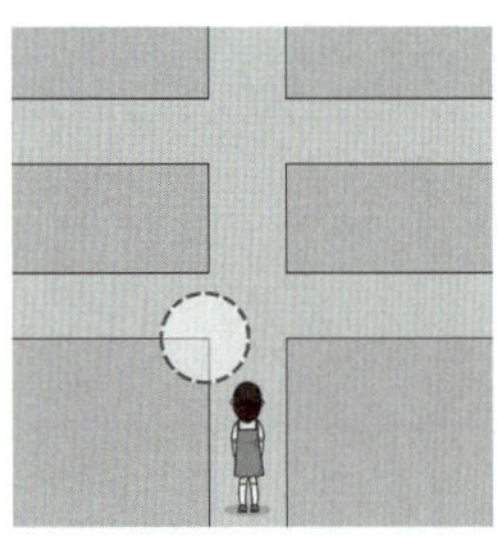

一(ひと)つ目(め)の 角(かど)

첫 번째 모퉁이

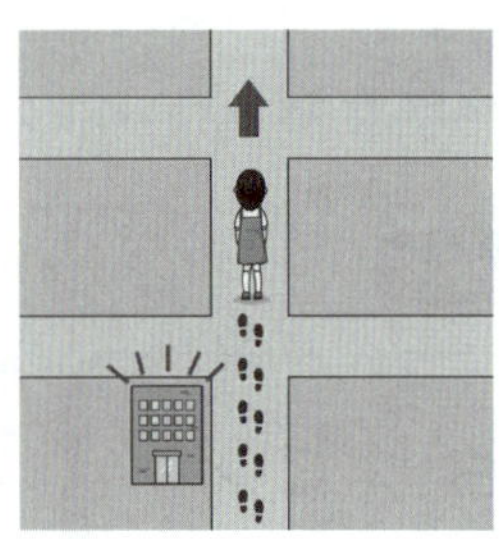

過(す)ぎる

지나다

7과 どこに あるか 教(おし)えて もらえますか。

어디에 있는지 가르쳐 주세요.

KEY WORD 본책 123쪽

DATE : . .

아래 일본어를 어떻게 읽는지 ( )안에 히라가나를 써 보세요.

<table>
<tr>
<td>
指輪
(　　　　)
반지</td>
<td>

記念日
(　　　　)
기념일</td>
<td>
送別会
(　　　　)
송별회</td>
</tr>
<tr>
<td>
お正月
(　　　　)
설날</td>
<td>
就職
(　　　　)
취직</td>
<td>
荷物
(　　　　)
짐</td>
</tr>
<tr>
<td>
バッグ
(　　　　)
백, 가방</td>
<td>
ネクタイ
(　　　　)
넥타이</td>
<td>
スカーフ
(　　　　)
스카프</td>
</tr>
</table>

KEY WORD

DATE :　　.　　.

단어 읽기 정답

 指輪 (ゆびわ) 반지	 記念日 (きねんび) 기념일	 送別会 (そうべつかい) 송별회
 お正月 (おしょうがつ) 설날	 就職 (しゅうしょく) 취직	 荷物 (にもつ) 짐
 バッグ (ばっぐ) 백, 가방	 ネクタイ (ねくたい) 넥타이	 スカーフ (すかーふ) 스카프

書いてみましょう

써 봅시다

1 다음 예와 같이 일본어로 써 보세요. 본책 133쪽

DATE :　　.　　.

예

→ 友達は 私に 本を くれました。

1

→ お正月に 子供に お年玉を ＿＿＿＿＿＿。

2

→ 鈴木先生は 私に 辞書を ＿＿＿＿＿＿。

3

→ 吉田さんは 山下さんに 花束を ＿＿＿＿＿＿。

4

→ 私は 彼女に スカーフを 買って ＿＿＿＿＿＿。

WORD

- お正月(しょう がつ) 설날, 정월
- お年玉(とし だま) 세뱃돈
- 辞書(じ しょ) 사전
- スカーフ(scarf) 스카프

2 다음 예와 같이 일본어로 써 보세요. 본책 134쪽

DATE :　　.　　.

青木(あおき)さん・傘(かさ)を 貸(か)す

→ 青木(あおき)さんは 私(わたし)に 傘(かさ)を 貸(か)して くれました。

私(わたし)は 青木(あおき)さんに 傘(かさ)を 貸(か)して もらいました。

1

父(ちち)・本(ほん)を 読(よ)む

→ ______________________________。

______________________________。

2

姉(あね)・勉強(べんきょう)を 教(おし)える

→ ______________________________。

______________________________。

3

先輩(せんぱい)・かばんを 持(も)つ

→ ______________________________。

______________________________。

WORD

- 貸(か)す 빌려주다

한 자 본책 137쪽

DATE : . .

念 생각 념

보기 初念(しょねん) 초념, 概念(がいねん) 개념

念 念

記念日 き ねん び 기념일	記念日 き ねん び			

送 보낼 송

보기 送信(そうしん) 송신, 輸送(ゆそう) 수송

送 送

送別会 そう べつ かい 송별회	送別会 そう べつ かい			

正 바를 정

보기 正午(しょうご) 정오, 正直(しょうじき) 정직

正 正

正月 しょう がつ 설날, 정월	正月 しょう がつ			

가타카나

ネクタイ

necktie 넥타이

ネクタイ		

スカーフ

scarf 스카프

スカーフ		

* 표현 PLUS * 일본의 설날(お正月(しょうがつ)) 놀이

凧(たこ)あげ

연날리기

こま回(まわ)し

팽이 돌리기

羽根(はね)つき

일본식 배드민턴

カルタ

일본식 카드 놀이

福笑(ふくわら)い

얼굴 모양 맞추기 퍼즐

双六(すごろく)

주사위 놀이

8과 人(ひと)が 並(なら)んで いますね。

사람이 줄 서 있네요.

KEY WORD 본 책 139쪽

DATE : . .

아래 일본어를 어떻게 읽는지 (　　　　　　)안에 히라가나를 써 보세요.

 電気 ( ) 전기	 約束 ( ) 약속	 教育 ( ) 교육
 資料 ( ) 자료	 材料 ( ) 재료	 壁 ( ) 벽
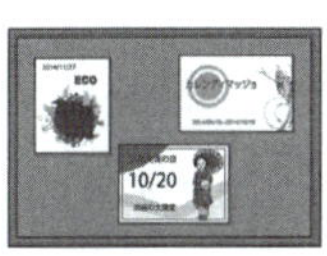 ポスター ( ) 포스터	 ポイント ( ) 포인트	 コピー ( ) 복사, 카피

KEY WORD

DATE : . .

단어 읽기 정답

 電気 (でんき) 전기	 約束 (やくそく) 약속	 教育 (きょういく) 교육
 資料 (しりょう) 자료	 材料 (ざいりょう) 재료	 壁 (かべ) 벽
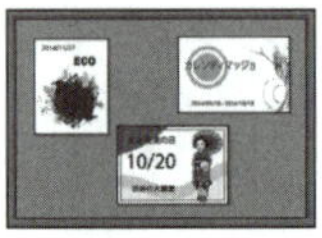 ポスター (ぽすたー) 포스터	 ポイント (ぽいんと) 포인트	 コピー (こぴー) 복사, 카피

書いてみましょう

써 봅시다

다음 예와 같이 일본어로 써 보세요. 본책 149쪽

DATE :　　.　　.

예

窓(まど)・閉(し)まる・閉(し)める

→ 窓(まど)が 閉(し)まって います。

窓(まど)が 閉(し)めて あります。

1

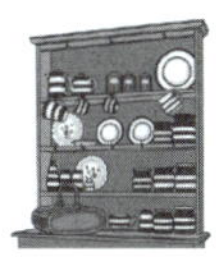

お皿(さら)・並(なら)ぶ・並(なら)べる

→ ＿＿＿＿＿＿＿＿＿＿＿＿＿＿＿。

＿＿＿＿＿＿＿＿＿＿＿＿＿＿＿。

2

水(みず)・入(はい)る・入(い)れる

→ ＿＿＿＿＿＿＿＿＿＿＿＿＿＿＿。

＿＿＿＿＿＿＿＿＿＿＿＿＿＿＿。

3

絵(え)・かかる・かける

→ ＿＿＿＿＿＿＿＿＿＿＿＿＿＿＿。

＿＿＿＿＿＿＿＿＿＿＿＿＿＿＿。

WORD

- お皿(さら) 접시
- 水(みず) 물
- 絵(え) 그림

한자 본책 151쪽 DATE : . .

気
기운 기

보기 人気(にんき) 인기, 本気(ほんき) 진심

気 気

電気 でんき 전기	電気 でんき			

育
기를 육

보기 育成(いくせい) 육성, 育児(いくじ) 육아

育 育

教育 きょういく 교육	教育 きょういく			

材
재목 재

보기 人材(じんざい) 인재, 教材(きょうざい) 교재

材 材

材料 ざいりょう 재료	材料 ざいりょう			

가타카나

ポスター

poster 포스터

ポスター		

コピー

copy 복사, 카피

コピー		

9과 雨(あめ)に 降(ふ)られて 服(ふく)が 濡(ぬ)れて しまいました。

비가 와서 옷이 젖어 버렸습니다.

KEY WORD

본책 153쪽

DATE : . .

아래 일본어를 어떻게 읽는지 (　　　　　　) 안에 히라가나를 써 보세요.

日記

(　　　　　　)

일기

質問

(　　　　　　)

질문

建物

(　　　　　　)

건물

財布

(　　　　　　)

지갑

泥棒

(　　　　　　)

도둑

招待

(　　　　　　)

초대

カウンター

(　　　　　　)

카운터

キャンセル

(　　　　　　)

취소, 캔슬

プレゼンテーション

(　　　　　　)

프레젠테이션

KEYWORD

DATE :　　.　　.

단어 읽기 정답

 日記 (　にっき　) 일기	 質問 (　しつもん　) 질문	 建物 (　たてもの　) 건물
 財布 (　さいふ　) 지갑	 泥棒 (　どろぼう　) 도둑	 招待 (　しょうたい　) 초대
 カウンター (　かうんたー　) 카운터	 キャンセル (　きゃんせる　) 취소, 캔슬	 プレゼンテーション (　ぷれぜんてーしょん　) 프레젠테이션

빈칸에 써 봅시다. 본책 157쪽

DATE : . .

수동형의 활용 연습

의미	동사	수동형	의미	동사	수동형
밟다	踏む		쓰다	書く	
혼내다	叱る		듣다, 묻다	聞く	
집다	取る		읽다	読む	
부탁하다	頼む		마시다	飲む	
훔치다	盗む		기다리다	待つ	
물다,씹다	かむ		가다	行く	
권유하다	誘う		보다	見る	
지불하다	払う		먹다	食べる	
말하다	言う		일어나다	起きる	
사다	買う		자다	寝る	
부르다	呼ぶ		가르치다	教える	
보내다	送る		세우다,짓다	建てる	
돌아오다 (돌아가다)	帰る		외우다, 기억하다	覚える	
때리다	なぐる		나오다 (나가다)	出る	
죽다	死ぬ		그만두다, 끊다	やめる	
만들다	作る		칭찬하다	ほめる	
사용하다	使う		오다	来る	
화내다	怒る		하다	する	

書いてみましょう

써 봅시다

다음 예와 같이 일본어로 써 보세요. 본책 165쪽

DATE :   .   .

예

日記を 見る

→ 母に 日記を 見られました。

1

質問する

→ 授業中に 学生に ________________。

2

取る

→ バスで 財布を ________________。

3

招待する

→ 山口先生の 結婚式に ________________。

4

降る

→ 雨に ________________。

WORD

- 日記(にっき) 일기
- 財布(さいふ) 지갑
- 招待(しょうたい) 초대
- 質問(しつもん) 질문
- 取(と)る 집다

한 자 본책 167쪽

DATE : . .

質 바탕 **질**

보기 品質(ひんしつ) 품질, 実質(じっしつ) 실질

質 質

質問 しつもん 질문	質問 しつもん			

記 기록할 **기**

보기 記憶(きおく) 기억, 記録(きろく) 기록

記 記

日記 にっき 일기	日記 にっき			

待 기다릴 **대**

보기 接待(せったい) 접대, 待遇(たいぐう) 대우

待 待

招待 しょうたい 초대	招待 しょうたい			

가타카나

キャンセル

cancel 취소, 캔슬

キャンセル		

プレゼンテーション

presentation 프레젠테이션

プレゼンテーション		

* 표현 PLUS * 상황별 수동 표현

人(ひと)に 足(あし)を 踏(ふ)まれました。

사람에게 발을 밟혔습니다.

先生(せんせい)に ほめられました。

선생님에게 칭찬받았습니다.

上司(じょうし)に 仕事(しごと)を 頼(たの)まれました。

상사에게 일을 부탁받았습니다.

上司(じょうし)に 怒(おこ)られました。

상사에게 혼났습니다.

犬(いぬ)に 手(て)を かまれました。

개에게 손을 물렸습니다.

自転車(じてんしゃ)を 盗(ぬす)まれました。

자전거를 도둑맞았습니다.

結婚式(けっこんしき)に 招待(しょうたい)されました。

결혼식에 초대받았습니다.

人(ひと)に 押(お)されました。

사람에게 밀렸습니다.

雨(あめ)に 降(ふ)られました。

비에 맞았습니다.

10과 任(まか)された からには がんばって みるよ。

맡은 이상 열심히 해 볼 거야.

KEY WORD 본책 169쪽

DATE : . .

아래 일본어를 어떻게 읽는지 (　　　　　　) 안에 히라가나를 써 보세요.

作文
(　　　　　　)
작문

暗記
(　　　　　　)
암기

お見合い
(　　　　　　)
맞선

代表
(　　　　　　)
대표

優勝
(　　　　　　)
우승

提出
(　　　　　　)
제출

スピーチ
(　　　　　　)
스피치

コンテスト
(　　　　　　)
콘테스트

ストレス
(　　　　　　)
스트레스

KEY WORD

DATE :   .   .

단어 읽기 정답

 作文 (さくぶん) 작문	 暗記 (あんき) 암기	 お見合い (おみあい) 맞선
 代表 (だいひょう) 대표	 優勝 (ゆうしょう) 우승	 提出 (ていしゅつ) 제출
 スピーチ (すぴーち) 스피치	 コンテスト (こんてすと) 콘테스트	 ストレス (すとれす) 스트레스

빈칸에 써 봅시다. 본 책 173쪽

DATE :　　.　　.

사역형 • 사역 수동형의 활용 연습

의미	동사	사역형	사역 수동형
사다	買(か)う		
노래하다	歌(うた)う		
기다리다	待(ま)つ		
마시다	飲(の)む		
읽다	読(よ)む		
이야기하다	話(はな)す		
쓰다	書(か)く		
가다	行(い)く		
만들다	作(つく)る		
타다	乗(の)る		
돌아오다 (돌아가다)	帰(かえ)る		
보다	見(み)る		
먹다	食(た)べる		
일어나다	起(お)きる		
자다	寝(ね)る		
외우다, 기억하다	覚(おぼ)える		
오다	来(く)る		
하다	する		

書いてみましょう

다음 예와 같이 일본어로 써 보세요. 본책 181쪽

DATE :   .   .

예

母(はは)・にんじんを 食(た)べる

→ 母(はは)は 私(わたし)に にんじんを 食(た)べさせました。

→ 私(わたし)は 母(はは)に にんじんを 食(た)べさせられました。

1

佐々木(ささき)さん・雑誌(ざっし)を 買(か)う

→ ______________________________。

→ ______________________________。

2

上司(じょうし)・残業(ざんぎょう)を する

→ ______________________________。

→ ______________________________。

3

先生(せんせい)・漢字(かんじ)を 覚(おぼ)える

→ ______________________________。

→ ______________________________。

WORD

- にんじん 당근
- 雑誌(ざっし) 잡지
- 上司(じょうし) 상사
- 残業(ざんぎょう) 야근, 잔업

한 자 본책 183쪽

DATE : . .

表
걸 표

보기 表現(ひょうげん) 표현, 表示(ひょうじ) 표시

表 表

代表	代表			
だい ひょう 대표	だい ひょう			

勝
이길 승

보기 勝負(しょうぶ) 승부, 勝利(しょうり) 승리

勝 勝

優勝	優勝			
ゆう しょう 우승	ゆう しょう			

提
끌 제

보기 提供(ていきょう) 제공, 提示(ていじ) 제시

提 提

提出	提出			
てい しゅつ 제출	てい しゅつ			

가타카나

スピーチ

speech 스피치

スピーチ		

コンテスト

contest 콘테스트

コンテスト		

* 접속사 정리 *

そして 그리고	じゃ（ = では）그럼, 그러면
それから 그리고 (나서)	それじゃ（ = それでは）그럼, 그러면
それに 게다가	でも 그렇지만, 그러나
それで 그래서	ところで 그런데
しかし 그러나	だから 그러니까
ですから 그래서 , 그러니까	しかも 게다가, 더욱이
また 또, 또한	それなら 그렇다면, 그러면

11과 パスポートは お持(も)ちでしょうか。

여권 갖고 계십니까?

KEY WORD 본 책 185쪽

DATE : . .

아래 일본어를 어떻게 읽는지 (   ) 안에 히라가나를 써 보세요.

 商品 (　　　　) 상품	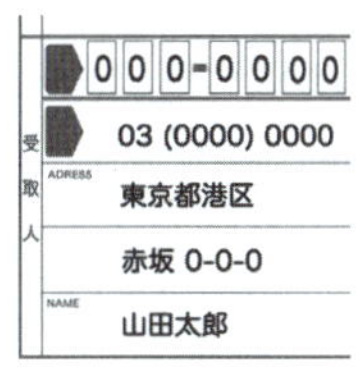 住所 (　　　　) 주소	 朝食 (　　　　) 조식
 試合 (　　　　) 시합	 駐車場 (　　　　) 주차장	 非常口 (　　　　) 비상구
 パスポート (　　　　) 여권	 カード (　　　　) 카드	 エレベーター (　　　　) 엘리베이터

KEY WORD

DATE :   .   .

단어 읽기 정답

 商品 (しょうひん) 상품	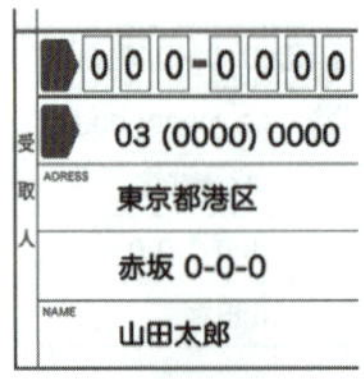 住所 (じゅうしょ) 주소	 朝食 (ちょうしょく) 조식
 試合 (しあい) 시합	 駐車場 (ちゅうしゃじょう) 주차장	 非常口 (ひじょうぐち) 비상구
 パスポート (ぱすぽーと) 여권	 カード (かーど) 카드	 エレベーター (えれべーたー) 엘리베이터

書いてみましょう

써 봅시다

다음 예와 같이 일본어로 써 보세요. 본책 195쪽

DATE :   .   .

예

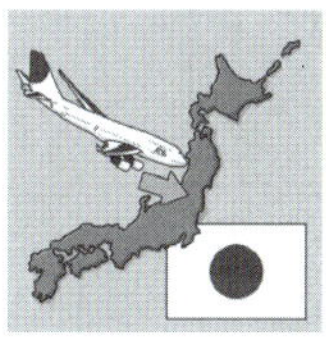

いつ 日本へ 行きますか。

→ いつ 日本へ いらっしゃいますか。

1

どうぞ 食べて ください。

→ どうぞ ＿＿＿＿＿＿＿＿＿＿＿＿＿＿＿。

2

昨日の サッカーの 試合、見ましたか。

→ 昨日の サッカーの 試合、＿＿＿＿＿＿＿＿＿＿＿＿。

3

大学院は いつ 卒業しますか。

→ 大学院は いつ 卒業 ＿＿＿＿＿＿＿＿＿＿＿＿。

WORD

- サッカー(soccer) 축구
- 試合(しあい) 시합
- 大学院(だいがくいん) 대학원
- 卒業(そつぎょう) 졸업

한 자 본책 197쪽

DATE : . .

商
장사 상

보기 商人(しょうにん) 상인, 商店(しょうてん) 상점

商	商				

商品 しょう ひん 상품	商品 しょう ひん			

試
시험 시

보기 試験(しけん) 시험, 試食(ししょく) 시식

試	試				

試合 し あい 시합	試合 し あい			

常
떳떳할 상

보기 日常(にちじょう) 일상, 異常(いじょう) 이상

常	常				

非常口 ひ じょう ぐち 비상구	非常口 ひ じょう ぐち			

가타카나

パスポート

passport 여권

パスポート		

カード

card 카드

カード		

12과 すぐに お持(も)ちいたします。

바로 가져다 드리겠습니다.

KEY WORD 본 책 199쪽 DATE : . .

아래 일본어를 어떻게 읽는지 (　　　　　) 안에 히라가나를 써 보세요.

 注文 (　　　　　) 주문	 案内 (　　　　　) 안내	 紅茶 (　　　　　) 홍차
 連絡 (　　　　　) 연락	 禁煙 (　　　　　) 금연	 担当者 (　　　　　) 담당자
 サイン (　　　　　) 사인	 タオル (　　　　　) 타월	 キー (　　　　　) 열쇠, 키

KEY WORD

DATE : . .

단어 읽기 정답

 注文 (ちゅうもん) 주문	 案内 (あんない) 안내	 紅茶 (こうちゃ) 홍차
 連絡 (れんらく) 연락	 禁煙 (きんえん) 금연	 担当者 (たんとうしゃ) 담당자
 サイン (さいん) 사인	 タオル (たおる) 타월	 キー (きー) 열쇠, 키

書いてみましょう

쓰 봅시다

1 다음 예와 같이 일본어로 써 보세요. 본 책 207쪽

DATE :　　.　　.

예

案内(あんない)

→ ご案内(あんない)ください。

→ ご案内(あんない)いたします。

1

連絡(れんらく)

→ ____________________。

→ ____________________。

2

説明(せつめい)

→ ____________________。

→ ____________________。

3

電話(でんわ)

→ ____________________。

→ ____________________。

WORD

- **説明**(せつめい) 설명

2

본책 208쪽

DATE :   .   .

예

持(も)つ

→ お持(も)ちください。

→ お持(も)ちいたします。

1

書(か)く

→ ________________________________。

→ ________________________________。

2

預(あず)かる

→ ________________________________。

→ ________________________________。

3

調(しら)べる

→ ________________________________。

→ ________________________________。

WORD

- 預(あず)かる 맡다, 보관하다
- 調(しら)べる 조사하다, 알아보다

한 자 본책 211쪽

DATE : . .

紅 붉을 홍

보기 紅葉(こうよう) 단풍, 紅白(こうはく) 홍백

紅 紅

紅茶	紅茶			
こう ちゃ 홍차	こう ちゃ			

煙 연기 연

보기 喫煙(きつえん) 흡연, 煙突(えんとつ) 굴뚝

煙 煙

禁煙	禁煙			
きん えん 금연	きん えん			

担 멜 담

보기 担任(たんにん) 담임, 負担(ふたん) 부담

担 担

担当者	担当者			
たん とう しゃ 담당자	たん とう しゃ			

가타카나

サイン

sign 사인

サイン		

タオル

towel 타월

タオル		

■ 天気予報(てんきよほう) 일기예보

雨(あめ)

비

雪(ゆき)

눈

風(かぜ)

바람

台風(たいふう)

태풍

嵐(あらし)

폭풍

曇(くも)り

흐림

晴(は)れ

맑음

夕立(ゆうだち)

소나기

梅雨(つゆ)

장마

■ 자동사 • 타동사 활용 예문

1. 窓(まど)が 開(あ)きました。 창문이 열렸습니다.
   窓(まど)を 開(あ)けました。 창문을 열었습니다.

2. ドアが 閉(し)まりました。 문이 닫혔습니다.
   ドアを 閉(し)めました。 문을 닫았습니다.

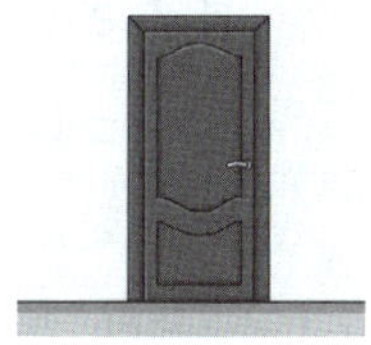

3. ガソリンが 入(はい)りました。 기름이 들어갔습니다.
   ガソリンを 入(い)れました。 기름을 넣었습니다.

4. 車(くるま)が 止(と)まりました。 차가 섰습니다.
   車(くるま)を 止(と)めました。 차를 세웠습니다.

5. 電気(でんき)が つきました。 불이 켜졌습니다.
   電気(でんき)を つけました。 불을 켰습니다.

■ 특별 존경어 · 특별 겸양어

	존경어 (상대를 높이는 말)	겸양어 (자신을 낮춰서 상대를 높이는 말)
いる 있다	いらっしゃる 계시다, 가시다 おいでになる 오시다	おる 있다
行く 가다		まいる 가다
来る 오다		
する 하다	なさる 하시다	いたす 해드리다
言う 말하다	おっしゃる 말씀하시다	もうす 말씀드리다
見る 보다	ご覧になる 보시다	拝見する 보다
食べる 먹다	召し上がる 드시다	いただく 먹다
もらう 받다		いただく 받다
くれる(상대가) 주다	くださる 주시다	
あげる (상대에게) 주다		さしあげる 드리다
聞く 묻다		うかがう 여쭙다
たずねる 방문하다		うかがう 찾아뵙다
会う 만나다		お目にかかる 뵙다
死ぬ 죽다	お亡くなりになる 돌아가시다	
寝る 자다	お休みになる 주무시다	
知っている 알다	ご存じだ 아시다	存じている 알다
ある 있다		ござる 있다

■ 서비스 현장에서 바로 쓸 수 있는 경어 표현

1. いらっいしゃませ。어서오세요.

2. 何名様(なんめいさま)でしょうか。몇 분이십니까?

3. こちらへどうぞ 。이쪽으로 오세요.

4. お決(き)まりでしたら お呼(よ)びください。(메뉴) 결정하시면 불러 주세요.

5. ご案内(あんない)いたします。안내해 드리겠습니다.

6. 禁煙席(きんえんせき)と喫煙席(きつえんせき)とどちらが よろしいですか。
금연석과 흡연석 중 어느쪽이 좋으십니까?

7. 以上(いじょう)でよろしいでしょうか。이것으로 괜찮으십니까?

8. かしこまりました。알겠습니다.

9. 少々(しょうしょう)お待(ま)ちください。잠시만 기다려 주십시오.

10. お待(ま)たせいたしました。오래 기다리셨습니다.

11. お飲(の)み物(もの)は 何(なに)に なさいますか。음료는 무엇으로 하시겠습니까?

12. 1万円(まんえん) お預(あず)かりいたします。만 엔 받았습니다.

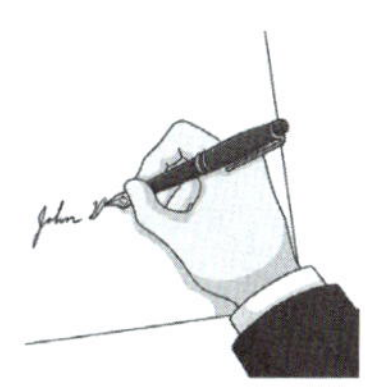

13. こちらに サインを お願(ねが)いいたします。이쪽에 사인 부탁드립니다.

14. カードと レシートでございます。카드와 영수증입니다.

15. ご利用(りよう)、ありがとうございました。이용해 주셔서 감사합니다.

16. また お越(こ)しください。또 오십시오.

MEMO

귀와 입이 저절로 열리는

감바레 がんばれ 일본어 워크북

감바레(がんばれ)는
한국어로 '힘내', '파이팅'을
뜻합니다.

이름